Marx et le marxisme

Dans la collection Eyrolles Pratique :

- *QCM de culture générale*, Pierre Biélande
- *Le christianisme*, Claude-Henry du Bord
- *Citations latines expliquées*, Nathan Grigorieff
- *QCM d'histoire de France*, Nathan Grigorieff
- *Religions du monde entier*, Vladimir Grigorieff
- *Les philosophies orientales*, Vladimir Grigorieff
- *Philo de base*, Vladimir Grigorieff
- *Découvrir la psychanalyse*, Édith Lecourt
- *Le bouddhisme*, Quentin Ludwig
- *Comprendre le judaïsme*, Quentin Ludwig
- *Comprendre l'islam*, Quentin Ludwig
- *Comprendre la kabbale*, Quentin Ludwig
- *Dictionnaire des symboles*, Miguel Mennig
- *Histoire de la Renaissance*, Marie-Anne Michaux
- *Histoire du Moyen Âge*, Madeleine Michaux
- *L'Europe en 200 questions-réponses*, Tania Régin
- *QCM illustré d'histoire de l'art*, David Thomisse
- *Comprendre le protestantisme*, Geoffroy de Turckheim

Jean-Yves Calvez

Marx et le marxisme
Une pensée, une histoire

EYROLLES

Éditions Eyrolles
61, Bd Saint-Germain
75240 Paris Cedex 05
www.editions-eyrolles.com

Mise en pages : Istria

 Le code de la propriété intellectuelle du 1er juillet 1992 interdit en effet expressément la photocopie à usage collectif sans autorisation des ayants droit. Or, cette pratique s'est généralisée notamment dans les établissements d'enseignement, provoquant une baisse brutale des achats de livres, au point que la possibilité même pour les auteurs de créer des œuvres nouvelles et de les faire éditer correctement est aujourd'hui menacée.
En application de la loi du 11 mars 1957, il est interdit de reproduire intégralement ou partiellement le présent ouvrage, sur quelque support que ce soit, sans autorisation de l'éditeur ou du Centre Français d'Exploitation du Droit de Copie, 20, rue des Grands-Augustins, 75006 Paris.
© Groupe Eyrolles, 2007
ISBN 10 : 2-7081-3719-0
ISBN 13 : 978-2-7081-3719-6

Sommaire

Introduction 7
Première partie : Marx 9
Chapitre 1 : La vie, l'œuvre et l'époque 11
Chapitre 2 : La philosophie 23
Chapitre 3 : La politique 37
Chapitre 4 : L'économie 55
Seconde partie : Le marxisme 77
Chapitre 5 : Quelques philosophes marxistes 79
Chapitre 6 : Les figures majeures du marxisme 91
Chapitre 7 : L'Union soviétique 113
Chapitre 8 : Le communisme dans le monde 131
Conclusion 143
Notes. 147
Bibliographie 151
Table des matières 155

Introduction

Le marxisme nous est bien moins présent aujourd'hui qu'il y a quinze ans. C'est pourtant une page majeure de l'histoire de la pensée comme de l'histoire tout court, politique, économique, sociale et culturelle. Dans ces conditions, la connaissance du marxisme paraît incontournable.

Pensée de la communauté, le marxisme est vite devenu un communisme, tronquant parfois l'idéal de Marx, comme en témoigne la doctrine du « capitaliste général » adoptée par l'Union soviétique, c'est-à-dire la remise de tous les biens de production à la communauté. Cela n'eût pas été du goût de notre auteur : bien sûr, Marx a recommandé qu'au moment du soulèvement prolétarien, au jour de la révolution, on mette tous les biens de production, les transports, les ressources naturelles, les finances, etc., sous le contrôle de l'État, mais cette restructuration ne devait pas durer. Cette étape devait au contraire aboutir à une organisation où les travailleurs associés contrôleraient eux-mêmes les biens de production (*leurs* biens de production).

Marx n'était pas davantage prêt à appuyer le monopole strict d'un parti politique de type parti soviétique : s'il croyait au rôle d'un parti, ce devait être très directement et constamment l'expression de la « partie la meilleure du prolétariat », une formule que l'on n'osait plus vraiment prononcer dans le cadre du régime soviétique.

Le marxisme, c'est donc une importante variété de points de vue, depuis le communisme – soviétique en particulier – jusqu'à la social-démocratie. Et bien qu'il existe un fossé immense entre le communisme léniniste et la social-démocratie telle que l'appréhendait Bernstein, le marxisme fut et demeure un ensemble significatif : c'est un grand penseur et une grande pensée, puis une longue histoire (d'un siècle environ) qui a marqué l'humanité entière. Comprendre le marxisme, c'est connaître cette pensée, son histoire, ses figures majeures, et un État, l'Union soviétique, qui fut singulièrement puissant au point d'entraîner avec lui nombre de pays et de rivaliser avec une autre super-puissance, capitaliste cette fois, dans un monde longtemps bipolaire.

Première partie

Marx

Chapitre 1

La vie, l'œuvre et l'époque

La vie et l'œuvre de Marx

Marx naît à Trèves en 1818, dans une famille juive devenue libérale. Son père est un fonctionnaire prussien converti au protestantisme par convenance. Le jeune Karl sera lui aussi baptisé mais ne connaîtra pas une profonde adhésion religieuse au cours de son adolescence et de ses études secondaires. Au début des années 1840, il se rend à Berlin pour poursuivre des études universitaires commencées à Bonn. Il fréquente « l'hégélianisme de gauche », courant qui hérite du grand philosophe Georg Wilhelm Friedrich Hegel disparu en 1831, face à « l'hégélianisme de droite », conservateur et confiant en l'État et en sa rationalité moderne. L'hégélianisme de gauche critique au contraire toute réalité héritée de la religion, de la philosophie intégratrice hégélienne et de l'État, fut-il moderne. C'est dans ce contexte que Marx participe à la rédaction d'une revue critique qui sera éphémère mais, pour lui, décisive, les *Annales franco-allemandes*, dont l'unique numéro paraîtra en 1844.

> **Les *Annales franco-allemandes***
>
> Revue radicale dans laquelle Marx écrit des articles révolutionnaires, critiquant « tout l'existant » et invoquant le prolétariat pour bouleverser l'ordre de la société actuelle. Un seul numéro paraîtra en raison des problèmes liés à la diffusion de cette revue clandestine et de la mésentente entre Marx et Arnold Ruge, co-fondateur de la revue.

Indésirable en Prusse, Marx vit à Paris où il fréquente les « communistes » allemands. Il fait la rencontre d'Engels et commence avec ce dernier la rédaction des *Manuscrits de 1844*, que l'on connaît aussi sous le nom de *Manuscrits économico-philosophiques*, puis d'un autre texte fondamental qui restera aussi à l'état de manuscrit : c'est *l'Idéologie allemande* (1845). Il vit ensuite quelques années à Bruxelles. En février 1848, il écrit avec Engels le fameux *Manifeste du Parti communiste* pour le congrès fondateur de ce Parti, puis se rend très vite à Cologne pour prendre part à la révolution sociale et politique qui a lieu en Allemagne en 1848. Toutefois, le mouvement révolutionnaire allemand échoue et Marx se voit contraint de s'exiler à nouveau (il ne reviendra jamais en Allemagne, excepté pour de brefs voyages). Il s'installe bientôt à Londres, occupé à une toute autre tâche que celle de la révolution, à savoir la rédaction minutieuse d'un immense ouvrage, *Le Capital*.

> **Le Capital**
>
> Cet ouvrage propose un examen de la division sociale caractéristique du capitalisme ; il annonce son dépassement, de manière automatique, par l'accumulation des processus qui l'ont d'abord fait naître. En 1859, Marx publie une première mouture, *Contribution à la critique de l'économie politique*, où il expose sa théorie globale de la société et de l'histoire. Il faudra attendre 1867 pour que paraisse le Livre I du *Capital*, ce premier livre étant le seul pleinement rédigé par Marx. Les Livres II et III seront composés par Engels après sa mort au moyen de notes laissées par lui. Un quatrième sera reconstitué plus tard par un autre disciple, Kautsky, sous le titre *Théories sur la plus-value*.

Marx est particulièrement influent dans la fondation, en 1864, de la Première Internationale, appelée aussi « Association internationale des travailleurs » (AIT) : il en rédige l'adresse inaugurale.

 L'Internationale : ensemble des organisations et partis ouvriers, dont le but est de convertir les sociétés capitalistes en sociétés socialistes.

Mais il se querelle rapidement avec les proudhoniens et les blanquistes qui font partie, comme lui, du groupe fondateur, ainsi qu'avec les anarchistes, amis de Bakounine, entrés dans l'organisation en 1867 lors d'un congrès tenu à Lausanne. En raison de tous ces débordements, le siège de l'AIT est transféré à New York en 1873, événement qui provoquera son extinction en 1876. C'est treize ans plus tard seulement que naîtra la Deuxième Internationale, celle qui deviendra sociale-démocrate au sens courant du terme.

 Social-démocratie : socialisme allemand à visée réformiste. Par extension, tout socialisme qui vise à réformer le système.

La Troisième, strictement communiste, sera fondée par Lénine en 1919 : c'est le Komintern. Il sera dissout par Staline en 1943. La IVe Internationale sera trotskiste et de moindre portée.

En 1871, Marx participe par la plume à la Commune de Paris : c'est le temps d'importantes réflexions sur le devenir de l'État et sa disparition sous l'influence du communisme.

> **La Commune de Paris (mars – mai 1871)**
>
> Gouvernement révolutionnaire fondé à Paris et dans certaines villes de Province suite aux échecs répétés de l'armée française face aux Prussiens et aux difficultés du gouvernement à contrôler la situation politique, économique et militaire. La Commune de Paris vote plusieurs décrets pour l'augmentation des salaires, pour la séparation de l'Église et de l'État, etc. Mais des divergences politiques naissent sur la question de la création d'un Comité de salut public au pouvoir centralisé, adopté par les jacobins et par certains blanquistes contre l'avis des proudhoniens et des socialistes d'influence marxiste. La Commune sera démantelée par les troupes versaillaises la même année, après de violents combats et une forte répression.

Dans la période qui suit cette effervescence, Marx est manifestement fatigué. Il meurt en 1883. Cinq ou six personnes seulement accompagneront sa bière au petit cimetière de Londres où il est enterré. C'est seulement après sa mort que sa doctrine va se répandre et se développer, pour devenir le facteur puissant qu'elle a été pendant plus d'un siècle dans l'histoire européenne et universelle.

Quelques dates

1818 : Le 5 mai, naissance de Marx à Trèves en Rhénanie.

1824 : Marx est baptisé dans le luthéranisme.

1841 : Thèse de doctorat sur Démocrite et Épicure.

1842 : Marx est rédacteur et directeur de la *Gazette rhénane*, journal démocratique révolutionnaire qui sera interdit de publication en 1843.

1843 : Marx épouse Jenny von Wesphalen, son amie d'enfance, à Kreuznach. Le couple s'installe à Paris.

1844 : « Introduction à la contribution à la critique de la philosophie du droit de Hegel » et « Sur la question juive », articles publiés dans les *Annales franco-allemandes*, revue radicale que Marx dirige avec Ruge.

1844 : À Paris, Marx rencontre Engels, qui étudie la philosophie en autodidacte.

1845 : Marx rejoint Engels à Bruxelles. Parution de *La Sainte Famille*. Marx écrit *L'idéologie allemande* (posthume) en collaboration avec Engels, puis les *Thèses sur Feuerbach* (posthumes aussi).

1847 : Marx et Engels rédigent *Misère de la philosophie*, critique sévère de *Philosophie de la misère* de Proudhon, alors en vogue dans les milieux révolutionnaires parisiens. Cette même année, Marx et Engels intègrent la Ligue des Communistes, groupe révolutionnaire clandestin.

1848 : Parution en février du *Manifeste du parti communiste*, appelé à l'origine *Manifeste de la Ligue* et coécrit par Marx et Engels. Séjours à Paris puis à Cologne, où Marx devient rédacteur en chef de la *Neue Rheinische Zeitung* (« La Nouvelle Gazette Rhénane »).

1849 : Marx est poursuivi devant les tribunaux pour les idées révolutionnaires véhiculées dans son journal. Il est expulsé d'Allemagne. Il s'installe définitivement à Londres, après avoir été chassé de Paris suite à la manifestation du 13 juin. Parution de *Travail salarié et capital*.

1848-1850 : *Les Luttes de classes en France*.

1852 : *Le 18 Brumaire de Napoléon Bonaparte*.

1853-1862 : Rédaction d'une centaine d'articles dans le *New York Tribune*.

1859 : Parution de l'ouvrage *Contribution à la critique de l'économie politique*. Marx dirige le journal germanophone *Das Volk*, lié au mouvement ouvrier allemand qui deviendra, avec Ferdinand Lassalle, un véritable parti.

1864 : Après avoir vécu dans une grande précarité, la situation financière de Marx s'améliore grâce à l'héritage de sa mère. Fondation de l'Association internationale des travailleurs (AIT) ou Première Internationale.

1867 : Marx publie le premier livre du *Capital* (les tomes II et III sont posthumes et paraîtront en 1885 et 1894).

1871 : La Commune de Paris.

1872 : Congrès de l'AIT à La Haye : Bakounine et les anarchistes sont exclus.

1883 : Marx meurt le 14 mars. Il est enterré près de sa femme dans le cimetière de Highgate, à Londres.

Le moment des « socialismes »

L'économie prend une place centrale dans la réflexion de Marx à partir de 1843/1844. À cette période, l'économie se pare de la couleur des plus grandes espérances. L'humanité, qui a pâti sous la politique « sacerdotale » et « militaire », va enfin jouir de la liberté en s'organisant économiquement. C'est en tout cas l'esprit des années 1820 et au-delà.

Saint-Simon (1760-1825)

■ L'ancien monde : un système féodal

La lecture de Saint-Simon témoigne de cet espoir en l'économie. Cet homme étrange, très influent dans l'industrialisme naissant, a le sentiment à partir de 1820 d'assister à l'effondrement d'un ordre politique et clérical en même temps qu'à l'avènement d'un système industriel sans précédent : désormais, l'économie est primordiale ; elle n'est plus subordonnée à la politique comme c'était le cas auparavant. On sort de l'ancien monde dans lequel l'organisation sociale s'articulait autour des pouvoirs religieux et militaire, et où les relations politiques étaient déterminantes, dans la mesure où les producteurs étaient soumis aux nobles et aux religieux. La décomposition de ce système résulte du progrès des facultés productives qui détruisent l'équilibre ancien : les capacités de production dressent progressivement la classe des industriels contre le pouvoir féodal, les sciences contre la religion. Les années 1820 sont décisives car elles marquent la fin du système féodal et l'avènement du nouveau système : la société industrielle.

■ La nouvelle société : un système industriel

En quoi consiste le nouvel ordre ?

« La société tout entière repose sur l'industrie »[1], dit Saint-Simon en 1817. Ici, le terme « industrie » ne désigne pas seulement le secteur manufacturier, mais toutes les formes de production et de circulation : l'artisanat, l'agriculture, les fabriques et le commerce, sans oublier le savoir scientifique et la technique qui participent en quelque façon à la production.

Quelle est la logique de ce nouveau système ?

Alors que le système féodal vise la guerre et la défense militaire, le système industriel se définit par la production des biens matériels et intellectuels. Il ne s'agit plus de rapports de domination mais de rapports associatifs. Désormais, ce sont les producteurs qui prennent les décisions. Comme cela doit nécessairement se faire dans l'intérêt de tous, les décisions de quelques individus seront approuvées par toute la communauté. Le principe fondamental de la société industrielle est l'organisation de la collectivité par elle-même (et non la domination de quelques uns sur l'ensemble de la collectivité).

Quelles sont les conséquences de ce changement ?

Les fins que la société se propose sont en même temps celles des individus qui la composent. Les intérêts particuliers et l'intérêt général se confondent, ce qui conduit à un état d'équilibre entre les forces qui traditionnellement s'opposaient. Toute l'Europe va bientôt s'organiser autour de cette nouvelle conception qui va se répandre progressivement un peu partout dans le monde.

Charles Fourier (1772-1837)

Charles Fourier illustre lui aussi la volonté de remplacement de toute politique par l'économie ou l'industrie. Il représente une variante de l'esprit de tous les socialismes car on rencontre chez lui les mêmes vues économiques et utopiques que chez les autres socialistes. Fourier rattache toutes les choses humaines à une « attraction », sorte de gravitation toujours à l'œuvre qui doit produire une harmonie, une fois la répression repoussée. Le fondement est l'amour, « force de l'harmonie sociale », principale expression de l'universelle attraction. Cette harmonie concerne en premier lieu une société économique associative, la phalange, sise en un phalanstère, où est de plus organisée une vie sexuelle communautaire, libre mais contrôlée, en vue du recul de la répression. Cette société toute économique doit remplacer les sociétés antérieures autoritaires. Il n'y a plus de politique au sens traditionnel du terme et, par conséquent, plus de pouvoir.

Phalange ou phalanstère : au sein de l'organisation sociétaire prônée par Fourier, la phalange (ou phalanstère) est un groupe de travailleurs qui s'unissent en une sorte de coopérative qui règle chaque action. Cette organisation sociale, composée pour l'essentiel de personnalités différentes, doit mener à l'harmonie universelle.

Pierre-Joseph Proudhon (1809-1865)

Chez Proudhon s'affirme également le primat de l'associatif économique. « Le point de vue économique est le bon », disait Proudhon : face aux traditions, c'est celui où apparaît le dynamisme nouveau de l'homme, celui de la force collective de son travail. L'adjectif « gouvernemental » que l'on trouvait aussi chez Saint-Simon est très fréquent chez Proudhon et signifie « répressif », « arbitraire », « né d'une autorité extérieure ». Tout cela est appelé à disparaître pour faire place au fédératif.

La position de Marx

Marx se démarque de ces auteurs par sa vision pessimiste de l'économie : il n'est pas dupe de l'énorme obstacle que représente l'exploitation capitaliste. Mais il vit dans une atmosphère semblable à celle de Saint-Simon, Fourier et Proudhon, attendant lui aussi une société neuve, associative, économique et non gouvernementale. C'est donc dans cet extraordinaire contexte de « socialisme utopique » qu'il faut aborder l'œuvre de Marx.

Le « socialisme utopique »

C'est le socialisme de tous ces penseurs, Saint-Simon, Fourier, Proudhon, ainsi que l'anglais Owen, très confiants dans la société nouvelle. L'association est le ressort de leur pensée. La société, c'est-à-dire l'ensemble des individus, n'a plus besoin de l'instance gouvernementale, cette réalité superposée, pour régler les conflits d'intérêts, les intérêts des individus s'accordant désormais aisément à l'intérêt général.

Paradoxalement, Saint-Simon, peut-être le plus important représentant du socialisme utopique, n'était pas expressément socialiste lui-même : il était plutôt industrialiste. Marx, clairement socialiste et associationiste, inscrira lui aussi ses aspirations dans un industrialisme où certes le travail n'est pas la seule valeur. L'Union soviétique, quant à elle, n'a pas été très associationniste (encore que *soviet* veuille dire « conseil » et que le nom « Union soviétique » signifie « union de toute l'humanité organisée en conseils »), mais elle a été très industrialiste et positiviste : elle a cru en la science et en l'industrie, en un monde nouveau détaché du politique.

Conclusion

On voit comment le destin de Marx conduit de la philosophie à la sociologie et à l'économie. Avec Marx, l'humanité entière va être prise dans la tenaille de ce grand combat, entre la fin du XIXe siècle et le début du XXe siècle. La science sociale, au sens strict, se développe, en même temps que les idéologies. Marx, lui, s'éloigne de la philosophie dont il s'est nourri dès sa jeunesse, mais il ne l'oublie en réalité jamais, comme nous le verrons dans le chapitre qui suit.

Chapitre 2

La philosophie

Marx, Hegel et Feuerbach

Marx emprunte son concept de dialectique historique à Hegel, tout en le modifiant. Pour Hegel, ce n'est pas la matière qui quadrille le réel mais l'Idée : chaque période historique est un moment de la totalité de l'esprit universel. Hegel est donc idéaliste : pour lui, l'histoire est essentiellement conscience, réalité des étapes successives de la conscience. Cette conception est au contraire trop abstraite pour Marx. Le recours à l'Esprit, qui serait supérieur au corps, au Moi, supérieur en somme à la Matière, est une solution qui ne le satisfait pas. Il se tourne alors vers Feuerbach qui veut développer un humanisme réel par le biais d'une conscience sensible, non plus abstraite et séparée de la matière, mais universelle. Pour Feuerbach « vouloir, pouvoir, sentir » sont des forces très concrètes à l'œuvre dans l'homme et dans le monde ; elles constituent la vraie substance des choses, infinie et à la fois matérielle.

Mais Marx va bientôt se dégager de Feuerbach même dont la philosophie est encore trop idéaliste malgré sa prétention matérialiste. Marx veut se détacher de quelque contemplation que ce soit – à distance encore – de la vérité, pour rejoindre le mouvement même et y participer ; l'essentiel est et doit être affaire de pratique et non de vérité, saisie à distance.

> C'est dans la pratique que l'homme doit démontrer la vérité, c'est-à-dire la réalité et la puissance, l'en deçà de sa pensée.[2]

Le sens se dissimule dans le vécu, dans l'expérience. La théorie en soi est dépourvue de sens : seule la pratique est porteuse de significations. On ne peut donc juger et mesurer les choses qu'à partir de l'extérieur et non à partir de l'Idée... Cette exigence est quasi impossible. Marx, dans sa propre investigation, tentera néanmoins d'être fidèle à ce principe, marchant ainsi sur les pas de Feuerbach.

> **L'héritage de Hegel**
>
> Marx n'oubliera jamais ce qu'il doit à Hegel : la dialectique, ou sens du mouvement intérieur à l'être. Il reconnaîtra que « la dialectique de Hegel est la forme fondamentale de toute dialectique »[3], même si Hegel est idéaliste alors que lui est matérialiste. Hegel a fourni la méthode (dépassement des contradictions jusqu'à la fin de l'Histoire), que Marx a dépouillée de sa forme mystique.

Dépassement de la philosophie ?

Dans les *Thèses sur Feuerbach*[4], Marx affirme qu'il ne s'agit plus seulement d'interpréter le monde comme les philosophes l'ont fait jusqu'à présent, mais qu'il faut le vivre et le transformer. Cela apparaît comme un impératif (ce point de vue a provoqué un immense enthousiasme). Dans d'autres textes encore, Marx nous dit qu'il faut réaliser la philosophie en la supprimant. Mais l'on peut se demander si ce que Marx nous présente comme l'au-delà des philosophies n'est pas encore de la philosophie. En réalité, la philosophie, en tant qu'elle est une vue englobante des choses, est apte à fournir une synthèse du monde. Marx cherche cette synthèse à l'intérieur des choses mêmes : c'est la dialectique. Il y a toujours un processus de synthèse, de totalisation.

La théorie de Marx

Dans son débat avec la philosophie qu'il considère comme un idéal et une source d'aliénation pour l'homme, Marx se détourne de Hegel puis de Feuerbach qu'il taxe d'idéalistes. Il veut remplacer la philosophie par une science, science des formations sociales de l'humanité, science totale de l'histoire qui trouve ses soubassements dans la nature.

Le matérialisme historique

Marx a une pensée matérialiste de l'histoire : les processus historiques et les grandes étapes de l'histoire trouvent leurs causes dans l'organisation matérielle des sociétés, c'est-à-dire dans leurs modes de production des richesses et dans leurs structures économiques. Aussi, les peuples ne sont pas déterminés par des idées ou des idéaux (c'est-à-dire par une volonté libre face à des représentations spécifiques), mais par des moyens concrets : c'est le déterminisme historique.

Déterminisme historique : théorie selon laquelle le cours de l'histoire est soumis *de facto* à la nécessité, ce qui implique que rien n'est dû au hasard et qu'il n'y a pas de liberté en ce monde. Et si le processus est déterminé, la fin de l'histoire est également donnée à l'avance.

L'histoire de l'humanité se caractérise par une succession de modes de production :

- L'Antiquité : l'esclavage.
- Le Moyen Âge (système féodal) : le servage.
- La bourgeoisie des temps « modernes » : le salariat.
- La fin de l'histoire avec l'avènement du marxisme : le communisme.

Le communisme est, dans cette perspective, le but et la fin de l'histoire ; la bourgeoisie, en revanche, est plutôt la fin de la préhistoire de l'humanité : elle n'est qu'un moyen pour parvenir au terme ultime qu'est le communisme, c'est-à-dire, au sens strict, la mise en commun des biens matériels et intellectuels. La vision marxiste est évolutionniste : l'idée de progrès est omniprésente.

Matérialisme : théorie qui pose la matière comme l'élément fondamental et premier de toute forme de vie, y compris la vie spirituelle. Le **matérialisme historique** de Marx consiste à réduire la pensée et la conscience à des faits concrets tels que la structure économique et les forces sociales d'une société (moyens de production).

La dialectique

Le déterminisme historique se comprend à la lumière du mouvement dialectique de l'histoire de l'humanité. Marx a une conception linéaire de l'histoire mais celle-ci progresse en dépassant les contradictions qui existent entre les classes sociales, vers la fin concrète qu'est le communisme.

 Dialectique : interaction entre des éléments opposés ou processus de mouvements par contradictions surmontées. Chez Marx, la dialectique se traduit par les contradictions matérielles et sociales de l'histoire : il s'agit d'un dynamisme de la matière, en constante évolution.

La dialectique est le mouvement des sociétés matérielles dans lesquelles les conditions sociales (esclavage, servage, salariat, etc.) se succèdent pour déboucher enfin dans le communisme. Ces différentes étapes traduisent une exploitation omniprésente de l'homme dans l'histoire de l'humanité. Mais Marx reconnaît que ces étapes sont nécessaires pour être dépassées en vue d'une société plus juste, dont l'avènement constituera la fin de l'histoire (ou de la préhistoire).

La philosophie dernière de Marx

Le tournant de *L'Idéologie allemande*

Les *Thèses sur Feuerbach* dont nous avons parlé sont de 1845. C'est aussi l'année de *L'Idéologie allemande*, le gros manuscrit resté, selon le mot fameux de Engels, « voué à la critique des souris », ouvrage d'une importance considérable en tant qu'il traduit le tournant qui s'accomplit dans la pensée de Marx. À partir de là, la philosophie de Marx prend en effet sa forme décisive : il ne s'agit plus de spéculer sur des principes abstraits mais de dénoncer la réalité socio-économique : on passe de la critique philosophique de l'aliénation (critique de la religion et de l'État en tant que réalisations virtuelles de l'homme) à l'analyse économique et scientiste de l'exploitation de l'homme par l'homme dans le travail. Mais ce tournant n'est pas absolu : *l'Idéologie allemande* incorpore les thèses énoncées dans les ouvrages précédents sur l'être même des choses (le travail, médiateur entre l'homme et la nature, imprimant sa marque en celle-ci, etc.) qui apparaissent comme le fondement de l'histoire et de sa dynamique.

Le contexte théorique en Allemagne

Que fait l'idéologie allemande, que fait la philosophie en Allemagne ? Pensant que les rapports entre les hommes, tous leurs faits et gestes, sont les produits de la conscience, les philosophes (les jeunes hégéliens en particulier) proposent aux hommes de changer simplement de conscience par le seul pouvoir de la volonté, en interprétant différemment ce qui existe. L'idéologie allemande croit avec naïveté que l'on peut changer de conscience comme l'on change de vêtement, sans transformer les causes au fondement du réel. Partant, il apparaît évident qu'ils ne peuvent rien transformer, et que leur désir de changement n'est qu'illusion.

La dialectique de la nature

Pour Marx, il faut atteindre le réel même, en deçà de la conscience. Il n'y a rien, semble-t-il, avant le rapport fondamental homme/nature, premier rapport dialectique. Et tout va ensuite être déterminé par la production. Engels a toutefois, du vivant même de son ami, généralisé la dialectique et la philosophie de Marx en exposant toute une dialectique de la nature avant même de parler d'histoire. Comme cette analyse n'a pas été désapprouvée par Marx, cela laisse à penser qu'il y avait bien, chez lui aussi, un enracinement ultime de toute dialectique anthropologique et historique dans la nature. Lisons-en la présentation sous la plume de Engels :

> *Dans la nature s'imposent, parmi la confusion des mutations sans nombre, les mêmes lois dialectiques du mouvement qui, dans l'histoire également, dominent l'apparente contingence des événements ; les mêmes lois qui, formant également le fil qui court, de bout en bout, à travers l'histoire de l'évolution accomplie par la pensée humaine, parviennent peu à peu à la conscience de l'homme qui pense.[5]*

Engels est particulièrement frappé par trois découvertes qui semblent justifier son propos : celle de la cellule en 1839, celle de la transformation ou conservation de l'énergie (principe de Clausius Carnot) de 1829 à 1848, et la théorie de l'évolution de Darwin en 1859. Ce sont autant de processus naturels auto-entretenus.

■ Homme, nature, besoin, travail

L'homme dans son milieu naturel

Ce mouvement de transmutations conduit à la séparation puis à la relation, centrales chez Marx, de l'homme et de la nature. L'homme dépasse la nature mais demeure en même temps un être de nature puisque son corps participe aux échanges moléculaires qui se produisent en elle. L'homme est assurément l'événement des événements, mais tout en restant en continuité avec toute vie naturelle.

Le besoin

Pour Marx, le besoin est la première manifestation de l'homme face à la nature : il exprime une intentionnalité fondamentale, le dynamisme natif qui traverse l'être de l'homme. Le besoin est le pôle subjectif du premier rapport de l'homme à la nature face à un pôle objectif qui lui est également indispensable. La faim, par exemple, a besoin d'un objet extérieur pour se satisfaire et trouver le repos. La faim manifeste ainsi la relation primordiale de l'homme avec l'extérieur. Mais si le besoin est frustré (en particulier si le travail est arraché au travailleur), il devient alors une finalité en soi, il régresse ; en somme, il redevient animal et sauvage. C'est ici qu'apparaît pour la première fois une déformation essentielle de l'humain, une aliénation cruciale, d'ordre économique.

 Aliénation : du latin *alienus*, « étranger », de *alius*, « autre ». Idée selon laquelle l'homme devient étranger à lui-même, se perd lui-même. L'aliénation est d'abord économique, puis sociale, politique, idéologique et enfin religieuse. Ce terme occupe beaucoup de place dans les œuvres de jeunesse de Marx.

Dans le communisme de demain (dans la désaliénation), le besoin retrouvera toute sa richesse : il sera besoin de la réalisation de l'homme et rencontrera cette réalisation.

Le travail

Le besoin appelle le travail par lequel l'homme s'incorpore dans la nature en tant qu'il la modifie. Dans les *Manuscrits* de 1844, Marx fait la remarque suivante :

> *L'animal ne produit que lui-même tandis que l'homme reproduit la nature tout entière. Ce que l'animal produit fait partie intégrante de son corps physique, tandis que l'homme se dresse librement en face de son produit. L'animal œuvre seulement à l'échelle et selon les besoins de l'espèce à laquelle il appartient, tandis que l'homme sait produire à l'échelle de n'importe quelle espèce en appliquant à l'objet la mesure qui lui est immanente.*

L'homme ne s'adapte donc pas seulement à la nature mais il la remodèle entièrement selon ses propres desseins, il la transforme en une nouvelle nature qui porte désormais l'empreinte humaine. Dans la pensée de Marx, tous ces traits marquent un extraordinaire primat de l'homme par l'esprit ou par la raison, fut-ce dans une doctrine généralement considérée et proclamée comme un « matérialisme ». Mais ce matérialisme est dialectique, précisément, on l'a souvent oublié.

Les phases de la construction de l'histoire

La société participe au mouvement dialectique : elle consiste dans les relations (idéalement de coopération, par opposition aux relations de division et de lutte inhérentes à l'aliénation) entre les hommes dans le grand processus de travail, fondateur de l'humanité. Au sein de la société apparaît, enfin, l'histoire, autre moment du mouvement, considéré non plus comme mouvement élémentaire (concernant tout élément), mais comme mouvement du tout de l'humanité, voire du tout de la nature et de l'humanité à la fois.

 Mouvement : ici, devenir de l'humanité. Le mouvement, en tant qu'évolution et progrès, se confond avec l'histoire et retrace le devenir des hommes considérés en collectivité.

La transition entre les mouvements élémentaires et le mouvement du tout n'est pas réellement explicitée par Marx, sinon par l'idée générale de détermination de toute la superstructure (les rapports sociaux, la propriété, la politique et le droit, les idéologies, la culture) par les forces de production matérielles. Les représentations de la conscience sont relatives aux activités matérielles des hommes (commerce, moyens de production, etc.) : les idées « sont le langage de la vie réelle » [6] :

> *La morale, la religion, la métaphysique et tout le reste de l'idéologie, ainsi que les formes de conscience qui leur correspondent [...] n'ont ni histoire, ni développement ; ce sont au contraire les hommes qui, en même temps qu'ils développent leur production et leur communication matérielle, transforment, avec cette réalité qui leur est propre, et leur pensée et les produits de celle-ci. Ce n'est pas la conscience qui détermine la vie, c'est la vie qui détermine la conscience.* [7]

La philosophie et toutes les formes de pensée abstraite (y compris l'idéologie) ne servent guère à la libération des hommes puisqu'elles sont subordonnées aux conditions matérielles d'existence. La libération des hommes ne peut se produire que dans le monde concret avec des moyens concrets. La conscience n'a pas de pouvoirs propres.

Base économique et superstructure sociale

La base économique

Les forces productives sont à la fois les moyens de production matériels (outils, machines, etc.) et la force productive de travail (les travailleurs).

Les rapports de production désignent les formes de la répartition des revenus et de la propriété, au fondement de la division des sociétés en classes.

La superstructure sociale

Elle se construit à partir de cette base économique. La superstructure représente les idées philosophiques et religieuses, ainsi que les institutions juridiques et politiques. Il s'agit des rapports que les hommes entretiennent entre eux.

La fin de l'histoire

Dans la Préface à la *Contribution à la Critique de l'économie politique* (1859) – considérée comme texte de référence dans toute la pensée communiste –, ces points de vue prennent une forme plus rigoureuse et plus générale encore. Marx affirme que les rapports juridiques et les formes de l'État s'expliquent eux aussi par les rapports de production matérielle et non par l'évolution de l'esprit humain. La société civile dépend entièrement de l'économie politique. Tout ce qui est social est déterminé par l'économie :

> *Le mode de production de la vie matérielle domine en général le développement de la vie sociale, politique et intellectuelle. Ce n'est pas la conscience des hommes qui détermine leur existence, c'est au contraire leur existence sociale qui détermine leur conscience.*

Il y a révolution sociale lorsque les forces de production matérielle de la société (les travailleurs) affrontent les rapports de production (l'organisation salariale de cette même société) ou les rapports de propriété (l'organisation et la répartition de la propriété privée au sein de la société) :

> *Réduits à leurs grandes lignes, les modes de production asiatique, antique, féodal et bourgeois moderne apparaissent comme des époques progressives de la formation économique de la société. Les rapports de production bourgeois sont la dernière forme antagonique du procès social de la production [...] Avec ce système social, c'est donc la préhistoire de la société humaine qui se clôt.*

▪ Préhistoire et histoire

La théorie de l'histoire de Marx est dominée par la poussée constante des forces de production matérielle. On assiste au développement ainsi qu'à l'achèvement d'une histoire, que l'on peut désigner comme « préhistoire », avec l'avènement de la société communiste d'une toute autre nature. Ce qui distingue la préhistoire (avant le communisme) de l'histoire, c'est le fait que dans l'histoire il n'y a plus d'antagonismes.

La fin de l'histoire : théorie originale de Marx présentée dans *Le Capital*. Cette théorie expose le déroulement de l'histoire du capitalisme jusqu'à son effondrement : il est alors remplacé par un système entièrement nouveau. Le Capital se présente donc comme le déploiement du passage du mode de production « bourgeois moderne » au mode de production socialiste.

L'idée d'une fin de la préhistoire par l'entrée dans la société communiste a fait l'objet d'un vif débat, les critiques concernant le bouleversement total des fondements de l'histoire et la fin annoncée de celle-ci que suppose cette idée. Pour Marx, l'histoire, qui était traversée par les polarités essentielles homme/nature, forces de production/rapports de production, valeur d'usage/valeur d'échange, doit cesser d'être, et doit disparaître, avec toutes les formes d'aliénation spécifiques, la possibilité même de l'aliénation.

> **La fin de l'histoire selon Hegel**
>
> L'objet de l'histoire est la raison, celle même qui se déploie dans la pensée philosophique et qui dicte l'évolution de l'humanité. L'histoire doit réaliser l'Idée. Ce dynamisme interne est l'Esprit. Tous les événements culturels sont des expressions de l'Esprit en mouvement. Dans les *Principes de la philosophie du droit*, Hegel annonce que la réalisation suprême de l'humanité se fera dans l'« Empire germanique », culmination et point d'orgue de l'histoire.
> Ce point de vue sera évidemment fort discuté après lui.

Éthique et marxisme

Reste-t-il une place pour une éthique dans cette vision très déterministe du mouvement de l'histoire par quoi s'achève la philosophie de Marx ? En un sens, oui, mais de façon très limitée. Dans *Le Capital* (1867), Marx affirmera que le capitalisme engendre sa propre négation, le socialisme, « avec la fatalité d'un processus naturel ». En outre, Marx s'est débarrassé des valeurs traditionnelles dès le *Manifeste du Parti communiste* (1848). Mais la conscience conserve malgré tout un rôle bien qu'elle dépende des formes matérielles de l'existence. On peut donc parler de tâches éthiques « historiques » (tâches éthiques véritables mais subordonnées à une époque spécifique), par lesquelles les individus doivent prendre les commandes des conditions extérieures de leur vie. Mais cela doit se faire de façon précise. Dans *L'Idéologie allemande*, Marx dit :

> *L'exigence posée par la situation actuelle [est de] se libérer d'un mode bien précis de l'aliénation. Cette tâche qui nous est prescrite par les conditions actuelles coïncide avec la tâche de donner à la société une organisation communiste [...] La tâche surgit là où les conditions matérielles de sa réalisation sont déjà formées.*

Il s'agit de « se libérer d'un mode bien précis de l'aliénation ». C'est en ce sens que l'on peut parler d'éthique, laquelle risque d'être soumise, comme on l'a vu en bien des phases du communisme, à une valeur, voire à un intérêt unique, celui de la classe prolétarienne, réduction qui anéantit plus qu'elle n'établit une éthique au sens courant du terme.

Conclusion

Marx s'est écarté de la philosophie parce qu'il l'a d'abord comprise comme rigoureusement idéaliste – comme une vue de surplomb telle qu'il la concevait chez Hegel –, mais il n'a pas manqué d'y revenir. Il a cherché à la sauver de l'idéalisme en découvrant le sens dans le mouvement intime même des choses, dans une dialectique ou un dialogue immanents à elles. Il a associé et identifié le sens et la pratique, c'est-à-dire le vécu. Mais il n'a jamais cessé de construire le réel entier, jusqu'à la société et l'histoire, à partir des relations élémentaires de l'homme avec la nature, le besoin, le travail, les rapports sociaux de base. Le pur déterminisme ne disparaît pas pour autant et la place pour une éthique demeure limitée, conditionnée.

Chapitre 3

La politique

La religion et la politique

Religion et aliénation

Au sens strict, Marx a aussi critiqué l'aliénation religieuse avant de s'attaquer à la politique, car la religion, tentative suprême de l'homme pour sortir du malheur, est pour lui intrinsèquement misère et division (Dieu fait face à l'homme), en dépit de sa prétention à être réconciliation. Réconciliation, elle ne l'est qu'illusoirement, « fantastiquement », dans l'au-delà du monde de l'homme. La religion est une « réalisation fantastique de l'essence humaine »[8], la prétention vaine d'une telle réalisation, en réalité imaginaire. La solution n'est, évidemment pas, ensuite dans la résignation ni dans la désespérance, mais dans le combat contre le malheur d'ici-bas, là où il s'est d'abord développé, c'est-à-dire dans toute organisation sociale, politique et juridique :

> La suppression de la religion comme bonheur illusoire du peuple est une exigence de son bonheur réel [...] La critique de la religion désillusionne l'homme afin qu'il pense, agisse, façonne sa propre réalité comme un homme désillusionné ayant accédé à la raison, afin qu'il gravite autour de soi-même, son véritable soleil [...] La tâche de la philosophie, qui est au service de l'histoire, consiste – une fois démasquée l'apparence sacrée de l'aliénation humaine – à démasquer l'aliénation dans ses figures profanes. La critique du ciel se transforme ainsi en critique de la terre, la critique de la religion en critique du droit, la critique de la théologie en critique de la politique.

Pour Marx, la critique de la religion est la « condition de toute critique »[9]. C'est seulement une fois que l'homme sera débouté de l'illusion inhérente à la religion qu'il sera libre. Mais la première critique renvoie au devoir d'abolir toutes les conditions sociales dans lesquelles l'homme est un être asservi et méprisable. Avili, l'homme se jette ou se projette dans l'idéal qu'offre la religion, mais c'est une solution illusoire.

Christianisme et démocratie

Le grand danger est certes alors d'attendre les solutions de la sphère politique. Marx voit plutôt une profonde analogie entre citoyenneté et religion, existence politique et existence religieuse, en ce sens qu'elles présentent toutes deux l'homme comme un être « générique », universel, oubliant qu'il est avant tout un individu concret et seul, et qu'il peut le demeurer quand bien même on prétend lui attribuer citoyenneté et universalité.

 Être générique : c'est l'être-genre ou l'être-espèce, au-delà de l'être individuel qui réside en chacun de nous. Il s'agit ici de l'être politique, la réalité de citoyen commune à tout le monde. L' « être générique » renvoie aussi à l'univers, à la nature immense dans laquelle l'homme est plongé.

Ce n'est pas parce que l'on proclame l'homme citoyen que l'on fait reculer les divisions et les aliénations caractéristiques de la société civile, c'est-à-dire de la société de l'économie, du besoin, du travail, de l'échange. Pas plus que la religion ne guérit et sauve l'homme séparé d'avec Dieu... Aussi, Marx compare l'effet de la démocratie et celui de la religion, spécifiquement chrétienne : chrétienne, dit-il, la démocratie l'est dans la mesure où chaque homme y est considéré comme le souverain, mais ce postulat est illusoire et plonge l'homme dans une chimère. La démocratie prend l'apparence d'un progrès : la souveraineté de l'homme céleste que connaît le christianisme semble cette fois devenir réalité, mais la vie sociale civile, la vie matérielle de l'homme n'en demeure pas moins misérable et n'est nullement transformée par la prétention de l'égalité démocratique.

La question juive

Le problème qui occupe Marx dans l'article « Sur la question juive » (1844) est celui de l'émancipation politique des Juifs, à savoir la reconnaissance du juif comme citoyen. Il vaut la peine de noter ici que, juif de naissance, Marx s'est montré férocement anti-Juifs et très critique à l'égard de ce peuple. Or, la question juive ne se résout pas par l'émancipation politique, en donnant par exemple les mêmes droits aux juifs qu'aux chrétiens dans un État chrétien, ou en instituant une vie politique séparée de la religion. Selon Marx, elle ne se résout que par une transformation de la société dominée par l'appétit de l'argent : « L'émancipation sociale du juif, c'est l'émancipation de la société du judaïsme »[10]. Le judaïsme, devenu profane, est ici compris comme le règne de l'argent, valeur universelle qui « a privé le monde entier de sa valeur propre », « essence devenue étrangère à l'homme, de son travail et de son existence », qui cependant le domine et qu'il « adore ». Tant que l'on n'aura pas mis un terme à ce phénomène, la question juive demeurera. Une mesure politique est impuissante à elle seule face aux changements radicaux que Marx veut opérer. Pour lui, l'émancipation véritable consisterait plutôt en « une organisation de la société qui supprimerait les conditions préalables du trafic, donc la possibilité du trafic »[11]. Il n'y aurait plus alors de juifs : « La conscience religieuse du juif se dissiperait comme une fade buée, dans l'air vital véritable de la société »[12]. Le terrain socio-économique est ainsi désigné comme le terrain crucial, ce qui sera déterminant pour la suite.

Marx désenchanté par la politique

Très tôt (en 1841), Marx avait constaté que la carrière académique philosophique à visée antireligieuse qu'il ambitionnait lui était irrémédiablement fermée. Il se lança donc dans le combat politique journalistique, ce qui lui permit d'écrire et de publier contre la censure, contre l'État policier et pour les droits de l'homme (la dimension sociale de sa pensée apparaît aussi à l'occasion d'un article contre la répression des vols de bois commis par de pauvres gens). Mais ce très jeune Marx – il n'a que vingt-trois ans – éprouve très tôt une vive déception de la politique, en crise depuis 1843. Ce désenchantement va marquer sa vie : il va déterminer les conceptions de l'économie qui l'ont rendu célèbre.

L'illusion de l'État

Contrairement à Saint-Simon, Marx n'a pas été envahi d'emblée par l'idée d'un avènement triomphant du secteur économique associatif et bienheureux. Il a cherché d'abord du côté de la politique, de la démocratie et des droits de l'homme. Mais déçu dans cette recherche, il a conclu à l'impuissance de l'État : c'est un monde de l'aliénation où l'homme se replie et se renferme une fois arraché à lui-même. La politique est donc source de maux humains ; c'est en-deça de l'État qu'il faudra chercher le remède.

■ L'État politique et la société civile

La politique semble d'abord située dans une zone passablement indifférenciée, désignée de manière très vaste : « droit », « politique », « conditions sociales ». En fait, Marx distingue tôt dans cet ensemble la politique elle-même. Dans « Sur la question juive », il distingue l'État politique et la société civile, la société civile étant d'ailleurs appelée aussi « vie matérielle ».

Société civile : société ou système de relations entre les hommes en rapport avec l'économie et le travail, par opposition à la société politique. Le mot allemand pour « civil » est *bürgerlich*, qui signifie aussi « bourgeois » (certaines traductions emploient l'expression « société bourgeoise » et non « société civile »). Au temps de Marx, alors que domine la bourgeoisie, la société civile est « bourgeoise » en un sens plus particulier, marquée par les intérêts et le style de la bourgeoisie.

De même que la religion, l'État politique est un monde de réalisation irréelle, une illusion. Dans l'État politique, je suis en effet un citoyen en principe universel, prétendument réconcilié ; mais en tant que membre de la société civile, je peux être misérable et dépouillé de moi-même. Ainsi, l'État politique ne change la situation civile de l'homme qu'en apparence : parce que l'homme est considéré comme un être générique dans l'État, il y est dépouillé de sa vie individuelle réelle, accablé par une universalité irréelle qui dépasse les conditions matérielles de son existence.

 L'État politique concerne la vie générique de l'homme et non sa vie matérielle. Les grands principes de l'État politique (l'égalité, la justice, la sûreté, etc.) sont virtuels car les inclinations comme l'égoïsme subsistent dans la société civile. Dans la sphère politique, l'homme se considère comme un être social, alors que dans la société civile, il agit comme un être privé, utilisant les autres hommes comme des moyens pour atteindre ses fins, lui-même étant un instrument au service de puissances qui le dépassent.

■ À l'arrière-plan, l'économie et une révolution nouvelle

« Un problème capital des temps modernes », dit Marx dans l'*Introduction à la critique de la philosophie du droit de Hegel*, c'est le rapport de l'industrie, du monde de la richesse, avec le monde politique : la sphère économique (et non politique) est donc d'emblée pour lui le lieu décisif. De son côté, la philosophie allemande de l'État ou de la politique (en l'occurrence celle de Hegel) fait abstraction de l'homme réel : elle travaille en fait au maintien du *statu quo*. En face d'elle, Marx commence à parler de révolution radicale – non plus seulement partielle ou politique – et d'émancipation de l'homme à tous égards : ce sera la libération du prolétariat.

La critique de la conception hégélienne de la politique

C'est dans la *Critique de la philosophie du droit de Hegel* même que Marx expose la déficience essentielle de la politique. En effet, bien que la politique promette la conciliation des tensions et des conflits qui parsèment naturellement la société civile ou « société des besoins » – dans laquelle les hommes travaillent à la production pour la satisfaction de leurs besoins –, elle cherche toutefois à accomplir cette conciliation de l'extérieur, au moyen d'un système de relations dans lequel les hommes sont les uns à l'égard des autres des citoyens sans que ceci affecte ou transforme l'opposition effective caractéristique de leurs relations privées ou économiques. Hegel en particulier (pour Marx, Hegel dit bien ce qui se passe dans toute tentative politique effective) considère l'État comme une sphère de rationalité supérieure, universelle et absolue. Par rapport à elle, les formes sociales non politiques, la famille et la société civile, apparaissent comme des moments inférieurs.

> **Le prolétariat**
>
> Au-delà de tout ce que peut accomplir la politique, Marx suppose et attend « la formation d'une classe dont les chaînes sont radicales »[13], laquelle ne peut s'émanciper qu'en se libérant de toutes les autres sphères de la société : c'est le prolétariat. Plus tard, Marx cherchera à montrer que l'avènement d'une telle classe est inscrit dans le capitalisme. Il n'évoque pas « la masse humaine mécaniquement écrasée par le poids de la société, mais celle qui naît de la décomposition à l'état aigu [de ladite société], avant tout de la décomposition de la classe moyenne »[14]. Extrême dislocation qui peut mener à un extraordinaire relèvement. Le prolétariat ne fera ainsi que mettre en œuvre ce qu'il est déjà, à savoir la négation de la propriété privée ; la propriété privée est déjà niée en lui car il n'y a aucune part ; il ne reste plus qu'à achever cette négation commencée et entamer une rénovation complète, hors de toute action de caractère simplement politique.

 Moment : concept philosophique qui désigne une réalité partielle, subordonnée à un tout, une étape dans un mouvement.

Marx se réfère ici au paragraphe 261 des *Principes de la Philosophie du droit* de Hegel, qu'il convient de rappeler afin de mieux comprendre la critique :

> *En face des sphères du droit privé et du bien-être privé de la famille et de la société civile, l'État est, d'une part, une nécessité extérieure par rapport à elles et une puissance supérieure à elles [...] ; mais d'autre part, il est le but immanent de ces sphères.*

Selon Hegel, l'État serait et resterait « autre » ; c'est en lui cependant que résiderait le sens dernier de la famille et de la société civile, ce qui signifie, *in fine*, que l'État absorbe d'une certaine façon la famille et la société civile. Cela peut indiquer encore que le peuple n'est pas maître de ses droits, pourtant effectifs. Il est en principe souverain, mais Hegel mentionne que « la souveraineté n'est en lui [dans le peuple] que d'une manière confuse et inconsciente », et qu'il faut aller chercher un souverain individuel capable de représenter la conscience de ce peuple. Ce recours à un individu présuppose que le souverain dispose de qualités innées, ce qui traduit une tendance aristocratique dans la pensée de Hegel.

La critique de la démocratie

Compte tenu du refus de cette option hégélienne, source de la plus virulente critique de Marx, la solution consisterait à instaurer la démocratie afin que la souveraineté émane, au moins en un certain sens, du peuple (par la démocratie représentative par exemple). Mais pour Marx, il ne peut y avoir démocratie que dans le temps d'une réconciliation des intérêts au sein de la société civile : ce sera la société communiste.

La démocratie « non-étatique »

La démocratie ne saurait être réalité qu'en dehors de l'État, en dehors de toute idée de sphère politique superposée, indépendamment de toute idée de représentation qui implique nécessairement une personne qui dépasse, par son existence même, les autres. La démocratie est donc bien la réalité de l'universalité que l'État vise mais sans pouvoir jamais l'atteindre. Elle est, dit Marx, « l'énigme résolue de toutes les constitutions »[15], la solution du problème que posent tous les régimes politiques particuliers, mais elle ne peut fonctionner qu'au-delà des régimes politiques, précisément. L'adjectif « politique » restera, lui, connoté chez Marx par l'idée de particularité, d'extériorité, de supériorité trompeuse. La république, que nous désignons couramment par le terme « démocratie », n'est encore qu'un compromis entre l'État politique et l'État non politique. Elle fait une plus grande part à l'universel réel des relations civiles et commence à être démocratie, mais elle ne réalise pas encore cet idéal : « La lutte entre la monarchie et la république est encore une lutte à l'intérieur de l'État abstrait. La république politique est la démocratie à l'intérieur de la forme abstraite de l'État »[16]. Dans la *Sainte Famille*, autre ouvrage de Marx et Engels, publié celui-ci (en 1845), Marx ajoute que ce n'est pas l'État qui est au fondement de la société civile, c'est au contraire la société civile ou le système des besoins qui fonde constamment l'État. Et « seule la superstition politique enfante aujourd'hui encore l'illusion que la vie civile a besoin d'être intégrée par l'État, alors qu'au contraire, dans la réalité, c'est l'État qui est maintenu par la vie civile »[17]. L'État reflète la vie civile et est comme son subalterne. S'il sert à quelque chose, c'est à la domination de la classe dominante et à rien d'autre.

La critique des droits de l'homme

Dans l'article « Sur la question juive », Marx interroge la légitimité des droits de l'homme en tant qu'ils sont liés à la démocratie : par opposition aux droits du citoyen, les droits de l'homme renvoient en fait aux droits des membres de la société bourgeoise, c'est-à-dire à l'homme égoïste qui n'appartient pas à la collectivité. D'ailleurs, la liberté, qui fait partie des droits fondamentaux institués par la Constitution révolutionnaire de 1793, est fondée sur l'idée de séparation initiale et continue des hommes. Quant au droit de propriété privée, mentionné par la même constitution, c'est le droit de jouir et de disposer de sa fortune arbitrairement, indépendamment de la société ; ce droit traduit à nouveau le primat de l'individu sur la communauté ainsi que les relations non altruistes entre les hommes.

> *Loin qu'en ces droits l'homme soit conçu comme un être générique [social, universel], la vie générique, la société apparaît au contraire comme un cadre extérieur aux individus, comme une limitation de leur autonomie primitive. Le seul lien qui les unit, c'est la nécessité naturelle, le besoin et l'intérêt privé, la conservation de leur propriété et de leur personne égoïste.*[18]

La vie politique, considérée par la Révolution en 1793 comme un moyen pour la conservation de ces droits, est la servante d'une société civile dominée par l'égoïsme.

Le dépassement de l'État

Anticipant sur les conclusions de Marx à propos de l'économie et de l'avènement d'une société sans classes, nous pouvons dès maintenant ajouter que la politique décevante, d'une certaine manière inutile, n'accomplissant pas ce qu'elle promet et servant tout juste d'instrument de domination, disparaîtra quand disparaîtra la division sociale.

La lutte des classes

Pour aujourd'hui, la politique est bien présente. Le *Manifeste du Parti communiste* commence ainsi : « L'histoire de toute société jusqu'à nos jours est l'histoire de la lutte des classes ». Cette lutte est une affaire sociale mais aussi politique, et les stades du développement de la bourgeoisie s'accompagnent toujours d'un progrès politique correspondant. Avec la création de la grande industrie et du marché mondial, la bourgeoisie conquiert la suprématie dans l'État représentatif. Les pouvoirs publics modernes ne sont qu'un simple comité qui administre les affaires de la classe bourgeoise. Lorsque la bourgeoisie arrive au pouvoir, elle détruit tous les rapports féodaux et patriarcaux. Elle change les cadres politiques hérités, la nation par exemple, en sapant sous les pieds de l'industrie sa base nationale, si bien que cela entraîne une interdépendance des nations. Une autre conséquence encore est la centralisation politique : « Des provinces indépendantes, tout juste liées par des alliances, ayant des intérêts, des lois, des gouvernements et des systèmes douaniers différents, ont été concentrées en une seule nation, avec un gouvernement unique, une législation unique, un seul intérêt national de classe, une seule frontière douanière, etc. »[19], regroupées en un État puissant, plus rationnel que l'État féodal moyenâgeux.

Bourgeoisie : classe dominante dans les régimes capitalistes, qui n'appartient ni au clergé ni à la noblesse. Les bourgeois n'ont pas besoin de travailler car ils possèdent tous les biens de production.

Mais le glas a sonné pour la classe bourgeoise car une révolte des forces productives contre les rapports de propriété a déjà eu lieu par crises successives. Peu à peu sont apparus les prolétaires et, d'emblée, le prolétariat a été en lutte contre la bourgeoisie : on assiste à nouveau à une lutte de classes ; les prolétaires s'organisent en classe et en parti politique ; ils travaillent à « la conquête du pouvoir politique par le prolétariat »[20].

Prolétariat : classe sociale composée de prolétaires (ouvriers), qui se développe avec la grande industrie du XIXe siècle. Est prolétaire la personne qui ne possède que les revenus de son travail pour vivre, contrairement aux bourgeois qui possèdent des biens sans travailler. Au sens moderne, les prolétaires sont ceux qui ont un travail manuel et qui ont un niveau de vie inférieur à celui des autres classes.

L'élimination progressive de la politique

Pour Marx, cependant, la politique est un instrument pour la lutte des classes et doit disparaître avec la victoire du prolétariat. Dans le *Manifeste du Parti communiste*, Marx et Engels affirment que la politique est un moyen pour le prolétariat de rendre la production à l'ensemble des individus, et par suite d'abolir les classes pour n'en faire plus qu'une. Or, s'il ne reste qu'une classe indifférenciée, tout devient public et par suite, apolitique (la politique étant comprise comme le moyen de réguler les tensions et de faire respecter la propriété privée).

> *Lorsque dans la lutte contre la bourgeoisie le prolétariat s'unit en une classe, qu'il s'érige en classe dirigeante par une révolution et qu'il abolit par la violence les anciens rapports de production, il abolit du même coup les conditions d'existence de l'opposition de classes, des classes en général et, par suite, sa propre domination de classe.*[21]

Le prolétariat vainqueur cesse d'être violent. Le recours à la violence, caractéristique de l'État politique, n'a plus lieu d'être, tout simplement parce qu'il n'y a plus de place pour la politique comme telle.

Le rôle de l'État dans la révolution

Mais bien que Marx rattache la victoire du prolétariat à l'élimination de la politique, il reconnaît en même temps, toujours dans le *Manifeste*, l'utilité provisoire du système étatique : ce paradoxe constitue l'une des difficultés majeures de sa pensée, le pouvoir politique étant à la fois temporaire (en principe) et susceptible de durer (en pratique). Les deux auteurs du *Manifeste* insistent en effet sur le rôle exceptionnel du parti communiste au sein des partis, sur son arrivée au pouvoir par voie révolutionnaire (ce qui est proprement politique), et surtout sur des mesures étatistes que le parti, devenu autorité suprême, doit prendre pour transformer la société.

> *Le prolétariat utilisera sa domination politique pour arracher peu à peu à la bourgeoisie tout capital, pour centraliser tous les instruments de production entre les mains de l'État, c'est-à-dire du prolétariat organisé en classe dominante, et pour accroître le plus vite possible la masse des forces de production [...] Expropriation de la propriété foncière et utilisation de la rente foncière pour les dépenses de l'État ; impôt progressif élevé ; abolition du droit d'héritage ; confiscation de la propriété de tous les émigrés et rebelles ; centralisation du crédit entre les mains de l'État au moyen d'une banque nationale à capital d'État et à monopole exclusif ; centralisation de tous les transports entre les mains de l'État ; multiplication des usines nationales ; obligation du travail pour tous...*[22]

Ces changements radicaux ne sont pour Marx et Engels que des mesures de transition : c'est bien autre chose qu'ils envisagent sous le nom de communisme, parlant, pour demain, d'une « association des hommes dans laquelle le libre développement de chacun est la condition du libre développement de tous »[23], au-delà de toute contrainte politique en particulier. Mais la transformation révolutionnaire présuppose un ordre de contrainte important que chaque citoyen doit accepter en vue d'une société meilleure :

> *La transformation révolutionnaire ne peut se faire en premier qu'au moyen d'interventions despotiques dans le droit de propriété et dans les rapports de production bourgeois, donc grâce à des mesures qui apparaissent économiquement insuffisantes et insoutenables mais qui, au cours du mouvement, tendent à se dépasser elles-mêmes et qui sont inévitables comme moyen de bouleverser tout le mode de production.*[24]

Le dépérissement de l'État par la dictature du prolétariat

Pour autant, ni Marx ni Engels ne perdent de vue la perspective du dépérissement de l'État qui est au fondement de leur réflexion. Ils sont même amenés à reconsidérer cette question depuis l'apparition de l'expression « dictature du prolétariat », qui désigne l'utilisation de l'État comme moyen pour parvenir à cette fin qu'est la révolution. Marx revendique cette expression scandaleuse comme sienne mais cherche en même temps à en limiter la portée, annonçant que si dictature il y a, c'est une dictature en voie de dépassement.

 Dictature du prolétariat : la dictature du prolétariat est une transition radicale mais nécessaire pour mener à bien la révolution et pour conduire à une société non antagoniste, le communisme. Elle se manifeste par l'abolition de la propriété privée et par la fin de l'exploitation du travail.

En 1852, dans une lettre à Joseph Weydemeyer[25], Marx affirme que la lutte des classes est inséparable de la dictature du prolétariat mais « que cette dictature elle-même ne constitue que la transition à l'abolition de toutes les classes et à une société sans classes ». Sans classes et sans État, peut-on ajouter.

■ L'exemple de la Commune de Paris

Puis on retrouve la question dans sa *Critique du Programme de Gotha* en 1875, au moment de l'union des partis socialistes allemands de Lassalle et de Bebel :

> *Entre la société capitaliste et la société communiste se situe la période de transformation révolutionnaire de la première dans la seconde. À cette transformation correspond aussi une période de transition, pendant laquelle l'État ne peut être rien d'autre que la dictature révolutionnaire du prolétariat.*[26]

Mais Marx et Engels caractérisent cette dictature – la Commune de Paris leur inspirant une nouvelle réflexion à ce sujet – dans *La guerre civile en France* de la façon suivante : la Commune de Paris est une illustration de la dictature du prolétariat qui a déjà dépassé l'État. En effet, la Commune n'était pas un organe parlementaire mais un organisme de travail, à la fois exécutif et législatif. Tous les secteurs de l'administration furent privés de leurs attributs politiques pour être transformés en agents de la Commune, rémunérés avec le salaire des ouvriers.

> *L'unité de la nation [ ] devait devenir une réalité par la destruction du pouvoir d'État qui prétendait être l'incarnation de cette unité et restait indépendant de la nation et supérieur à elle, alors qu'il n'en était qu'une excroissance parasitaire.*[27]

Le gouvernement de la dictature du prolétariat est un gouvernement bien plus léger, plus démocratique et moins bureaucratique. L'idée de la Commune était d'éliminer les deux grandes sources de dépense, l'armée et le fonctionnarisme d'État. Il s'agissait en même temps de réaliser l'émancipation économique du travail, la fin de l'esclavage social, et de détruire les fondements économiques sur lesquels repose l'existence des classes, à savoir la domination de classe. Tout homme devenait un travailleur, « le travail productif cessant d'être un attribut de classe ». Il ne s'agissait donc pas seulement du déplacement du pouvoir traditionnel de la classe bourgeoise à la classe ouvrière, mais d'une transformation radicale du pouvoir lui-même. Selon Engels, on pouvait déjà parler d'un commencement du dépérissement de l'État avec cette dictature du prolétariat, dépérissement qui serait effectif avec les générations d'hommes libres qui devaient suivre et qui n'auraient plus besoin de tout ce « fatras de l'État ». Dans son *Anti-Dühring* (1878), il mentionne expressément deux étapes dans la transition ; il y a certes comme une automaticité, voire une vraie célérité, dans le passage de la première à la seconde :

> *Le premier acte dans lequel l'État apparaît réellement comme représentant de toute la société – la prise de possession des moyens de production au nom de la société – est en même temps son dernier acte propre en tant qu'État. L'intervention d'un pouvoir d'État dans les rapports sociaux devient superflue dans un domaine après l'autre, et entre alors naturellement en sommeil. Le gouvernement des personnes fait place à l'administration des choses et à la direction des opérations de production. L'État n'est pas « aboli », il s'éteint.*[28]

Le *Manifeste* renforce le pouvoir politique

Mais il convient de remarquer que l'une des tragédies majeures de l'histoire du communisme est qu'il a utilisé l'État comme appareil central d'organisation, d'autorité et de contrôle. Les régimes issus de la révolution d'Octobre ont cherché à organiser l'économie de façon permanente selon le schéma des mesures provisoires évoquées dans le *Manifeste du Parti communiste*, en particulier en instaurant la mainmise de l'État sur tous les biens de production, ce qui revient à instituer un État bureaucratique, soumis à un parti qui monopolise le pouvoir. Aussi, même si Marx et Engels estimaient que le pouvoir issu des mesures révolutionnaires initiales perdrait vite son caractère politique, il apparaît clairement qu'en proposant de telles mesures, ils faisaient naître un mécanisme risquant de produire l'effet contraire. C'est ainsi que la proposition du *Manifeste* concernant ces mesures a eu, paradoxalement, un effet de consolidation du pouvoir politique.

Et ils ont contribué à une dévaluation du politique en niant d'abord la légitimité de l'État puis en le remettant en selle par l'idée de mesures révolutionnaires, fussent-elles provisoires, très étatistes, qui se maintiendront au-delà de la révolution.

> **Le *Manifeste* et la dictature**
>
> Quelques années après la publication du *Manifeste*, Marx et Engels ont été surpris par la persistance, avec Napoléon III, d'un État vigoureux existant en lui-même et par lui-même, sans pour autant représenter la bourgeoisie. « Cette semi-dictature réalise les grands intérêts matériels de la bourgeoisie mais ne lui laisse aucune part au pouvoir même », disait Engels dans une lettre du 13 avril 1866 adressée à Marx. Le pouvoir politique se maintenait par et pour lui-même, contrairement à ce qu'ils avaient pu affirmer auparavant.

À la fin du XIXe siècle, le social-démocrate Edouard Bernstein rendra certes sa dignité à la société politique en affirmant qu'il est possible de transformer les relations sociales en s'insérant dans la légalité, celle-ci reposant sur la reconnaissance de l'entente et du compromis entre les citoyens ; le problème est d'accepter de vivre l'échange participatif au cœur de cette reconnaissance plutôt que de chercher à prendre le pouvoir comme s'il s'agissait d'un simple objet ou d'un instrument. Et qui sait si certains propos d'Engels (dans son « testament », a-t-on dit, peu avant sa mort, c'est-à-dire dans l'introduction de 1895 aux *Luttes de classes en France* de Marx) n'allaient pas déjà dans cette direction :

> *Nous, les « révolutionnaires », les « chambardeurs », nous prospérons beaucoup mieux par les moyens légaux que par les moyens illégaux et le chambardement. Les partis de l'ordre, comme ils se nomment, périssent de l'État légal qu'ils ont créé eux-mêmes. Avec Odilon Barrot ils s'écrient désespérés « la légalité nous tue », alors que nous, dans cette légalité, nous nous faisons des muscles fermes et des joues roses et nous respirons la jeunesse éternelle !*

Conclusion

Tout n'était donc peut-être pas joué à jamais du fait des propos contenus dans le *Manifeste du Parti communiste*. Toujours est-il que ces propos ont d'abord eu une grande influence, principalement avec Lénine et la révolution soviétique (malgré la méfiance initiale de Marx et d'Engels envers la politique et malgré l'insistance à parler de son dépérissement alors même qu'ils la rétablissaient). Il importait de ne pas taire ici cette réserve, voire cette contradiction, dans la pensée politique de Marx et d'Engels, même si les considérations sur l'économie visent, elles, la plus parfaite réconciliation.

Chapitre 4

L'économie

Le capitalisme

Définition

Le capitalisme, c'est le système dans lequel les détenteurs du capital acquièrent des matières et des machines ainsi que de la force de travail qu'ils paient de manière forfaitaire ; ils les mettent en œuvre par le processus de production, vendent le produit et bénéficient de tout le fruit de la vente, quelque élevé qu'il soit : il y a d'un côté des paiements ou rémunérations fixes ou forfaitaires, et de l'autre, un résultat non défini d'avance, susceptible d'être très important (il ne l'est pas nécessairement).

Pour subsister, le système capitaliste a besoin de peu de capitalistes et d'un grand nombre de travailleurs, maintenus dans la précarité par la logique du système. Dans cette logique, le capitaliste est peu dépendant de l'ouvrier en ce sens qu'il peut se passer de lui longtemps, disposant d'un capital élevé ou de ses rentes.

 Rente : avantage économique dû à une situation indépendamment de toute production. On parle de « rente foncière » dans le cas de la propriété terrienne.

En revanche, l'ouvrier dépend du capitaliste et des fluctuations du marché, lesquelles affectent d'abord les salaires avant de toucher les profits. L'ouvrier est proprement une marchandise : sa valeur est subordonnée à la logique de l'offre et de la demande. La description de Marx est largement pertinente encore de nos jours.

Les trois formes du capital

En face de la propriété foncière (forme archaïque de la propriété), le capital se présente :

- soit sous forme d'argent (ce n'est plus un objet particulier) ;
- soit comme fortune monétaire bonne à tout (première forme du capital) ;
- soit comme capital commercial et comme capital usuraire, c'est-à-dire comme capital engagé dans la production pour produire davantage de capital.

Il ne s'agit pas pour Marx de détailler des espèces de capital, comme nous le faisons aujourd'hui, parlant de capital comme stock de moyens de production ou comme somme requise pour payer les salaires des ouvriers, ou de capital « financier », permettant les prises de participation, leur revente et l'achat éventuel d'autres parts dans une nouvelle firme. Marx cherche plutôt à nous faire percevoir, par touches successives, la caractéristique majeure du capital (et déjà de l'argent) qui est la dématérialisation, l'universalisation de son pouvoir. Le capital (ou l'argent) est en général un moyen d'acheter toutes sortes de choses, par opposition à un bien spécifique, une possession particulière, un objet déterminé, qui ne sont pas échangeables. Le capital, c'est aussi un stock accumulé, un moyen d'acheter, c'est-à-dire une « fortune ». Mais le capital désigne plus spécifiquement la fortune employée commercialement, mise en œuvre dans la production, qui conduit au profit et que l'on accumulera : c'est là le capital au sens strict du système capitaliste courant, le capital susceptible de produire plus de capital. Dans tous les cas, et surtout dans le dernier, l'argent est le terme décisif, par contraste avec la circulation des marchandises dans laquelle l'argent intervient aussi mais n'est pas la finalité, bien qu'il serve pour l'échange :

> *Dans l'achat de quelque chose pour la (re)vente, le commencement et la fin sont une seule et même chose, argent, valeur d'échange, et cette identité même de ses deux termes extrêmes fait que le mouvement n'a pas de fin [...] À la différence de la vente de marchandises pour l'achat d'autres marchandises, la circulation de l'argent comme capital*

possède son but en elle-même [....] Cette tendance absolue à l'enrichissement, cette chasse passionnée à la valeur d'échange sont communes au capitaliste avec le thésauriseur.[29]

Les *Manuscrits de 1844*

Le travail aliéné

Dans les *Manuscrits de 1844*, Marx traite de l'économie avec une profondeur toute particulière : travail aliéné et propriété aliénante sont en effet les problématiques principales, sans omettre la perspective du retournement des conditions à travers le communisme. Dans cet ouvrage, Marx explique comment l'aliénation du travail irradie toute l'existence du travailleur.

Plan des *Manuscrits de 1844*

Premier Manuscrit
- Salaire.
- Profit du capital : le capital ; le profit du capital ; la domination du capital sur le travail et les motifs du capitaliste ; l'accumulation des capitaux et la concurrence entre les capitalistes.
- Rente foncière.
- Travail aliéné et propriété privée.

Deuxième Manuscrit (sans subdivisions)

Troisième Manuscrit
- Propriété privée et travail.
- Propriété privée et communisme.
- Critique de la dialectique de Hegel et de sa philosophie en général (référence très directe à la *Phénoménologie de l'esprit* et à la *Science de la Logique*).
- Propriété privée et besoins.
- La division du travail.
- L'argent.

L'ouvrier et le capitaliste : une inégalité fondamentale

Selon Marx, deux blocs se font face : les ouvriers et les capitalistes. L'aliénation sociale (division de la société en deux) est une conséquence de l'aliénation économique. L'aliénation économique est le processus même d'extorsion de la plus-value dans la production capitaliste : il y a d'une part l'ouvrier qui n'a que son travail à offrir et ne reçoit en échange que de quoi subsister, et d'autre part, le capitaliste qui détient le capital et reçoit les fruits de la production de l'ouvrier : c'est la « plus-value ».

 Plus-value : part de la valeur du produit excédant la valeur du travail, des matières et des machines.

Marx insiste sur l'inégalité ou la dissymétrie entre l'ouvrier et le capitaliste, puis souligne la difficulté d'exister du travailleur en tant qu'il est vulnérable et soumis à une précarité radicale.

> *L'ouvrier ne gagne pas nécessairement lorsque le capitaliste gagne, mais il perd nécessairement avec lui [...] Lorsque l'ouvrier et le capitaliste souffrent pareillement, l'ouvrier souffre dans son existence, tandis que le capitaliste ne perd que le profit de son veau d'or.*[30]

Lorsque la richesse progresse dans toute la société, la demande d'ouvriers est supérieure à l'offre, mais ceci produit à nouveau des maux. Par l'accumulation plus forte des capitaux (qui renforce la division du travail), l'ouvrier est de plus en plus dépendant du travail, d'un travail limité, très unilatéral et mécanique. De plus :

> *L'accroissement de la classe d'hommes ne vivant que de leur travail augmente tout autant la concurrence entre les ouvriers et abaisse leur prix [...] Donc, même l'état de la société le plus favorable à l'ouvrier signifie nécessairement pour celui-ci l'excès de travail et la mort précoce, l'abaissement au rang de machine, d'esclave du capital...*[31]

Cette description des travailleurs n'est plus valable aujourd'hui, du moins pas en Occident. Toutefois, certains phénomènes perdurent, comme en témoigne le taux de mortalité beaucoup plus élevé dans la catégorie des ouvriers que dans les catégories bourgeoises. Cela s'explique par l'effort employé par l'ouvrier dans son travail, au moment où le propriétaire foncier et le capitaliste sont des « dieux privilégiés et oisifs ». Et même si le travailleur a un rôle plus important en tant que pilier de la production, ce sont le propriétaire foncier et le capitaliste qui l'emportent.

> *Tandis que le travail entraîne l'accumulation des capitaux et par suite la prospérité croissante de la société, il rend l'ouvrier de plus en plus dépendant du capitaliste, le jette dans une concurrence accrue, le pousse dans la course effrénée de la surproduction, à laquelle fait suite un marasme tout aussi profond.*[32]

En somme, le capitaliste est de plus en plus indépendant de l'ouvrier à mesure que l'accumulation augmente, situation qui accroît, à l'inverse, la dépendance de l'ouvrier envers le patron, celui-ci n'ayant plus besoin d'ouvriers. Dès lors, on peut interroger les conséquences de ce déséquilibre – qui trouve son paroxysme dans le fait que la majorité des hommes est réduite à un travail précaire – dans le développement de l'humanité. On retrouve à nouveau l'idée d'une majorité vouée au travail et à la dépendance, symbole de l'état de la civilisation. Pour Marx, l'économie politique ne considère l'ouvrier que comme une « bête de travail », un « animal réduit aux besoins vitaux les plus élémentaires ». L'expression est brutale, excessive, mais renvoie au constat que l'homme, dans une telle situation, est dépossédé du désir et de l'espérance qui caractérisent pourtant l'être humain. La société ne sera jamais une véritable société tant que le pouvoir appartiendra au petit nombre des capitalistes.

■ Le travail aliénant

La condition humaine en cause

Dans les *Manuscrits*, le malheur du travail est perçu comme contamination de toute la condition humaine, l'aliénation du travail entraînant avec elle toutes les autres, et ainsi, l'aliénation de l'homme tout court. Marx décrit une série de processus cumulatifs, contraires et pourtant corrélatifs, qui fait figure de reprise aggravée des contrastes déjà évoqués :

> *Fait économique actuel, l'ouvrier devient d'autant plus pauvre qu'il produit plus de richesse, que sa production croît en puissance et en volume [...]. La dévalorisation du monde humain va de pair avec la mise*

en valeur du monde matériel. *Le travail ne produit pas seulement des marchandises, il se produit lui-même ainsi que l'ouvrier comme une marchandise.*[33]

La logique du système est la suivante : plus l'ouvrier produit, moins il peut consommer. Pendant qu'il crée de la valeur dans l'objet, il se dépossède de sa valeur propre. À mesure qu'il donne forme à l'objet, il déforme son corps. Ces aspects contradictoires et pourtant réels sont inhérents au processus de production :

> *Certes, le travail produit des merveilles pour les riches, mais il produit le dénuement pour l'ouvrier. Il produit des palais, mais pour l'ouvrier des taudis. Il produit la beauté, mais pour l'ouvrier l'infirmité. Il remplace le travail par des machines, mais il rejette une partie des ouvriers dans un travail barbare et transforme l'autre partie en machines. Il produit l'esprit, mais pour l'ouvrier, il produit l'abêtissement, le crétinisme.*[34]

L'existence de l'homme niée par le travail

Après avoir considéré l'aliénation sous l'aspect du produit du travail dont l'ouvrier est dépossédé, Marx en vient ensuite à la considérer dans l'acte même de travailler, dans l'activité productrice :

> *Le travail est extérieur à l'ouvrier, c'est-à-dire qu'il n'appartient pas à son essence, que donc, dans son travail, l'ouvrier ne s'affirme pas, mais se nie, ne se sent pas à l'aise mais malheureux [...]. En conséquence, l'ouvrier ne se sent lui-même qu'en dehors du travail, dans le travail il se sent extérieur à lui-même [...] Son travail n'est donc pas volontaire mais contraint, c'est du travail forcé [...] On en vient à ce résultat que l'homme [l'ouvrier] se sent agir librement seulement dans ses fonctions animales : manger, boire et procréer, ou encore, tout au plus, dans le choix de sa maison, de son habillement, etc. ; en revanche, il se sent animal dans ses fonctions proprement humaines. Ce qui est animal devient humain, et ce qui est humain devient animal.*[35]

L'ouvrier est dépossédé de sa vie générique ainsi que des objets qu'il produit, mais même l'acte personnel de travailler lui est ôté : le déploiement humain, le fait de s'éprouver dans le travail s'évanouit dans cette nouvelle condition. Le travail aliéné renverse le rapport, dans la mesure où l'homme emploie son activité vitale, son « essence », comme un simple moyen de son existence. Le travail n'est plus une fin en soi mais un objet : il est l'instrument de sa propre existence. Cette activité vitale qui devrait provoquer un grand enrichissement est ravalée à un simple moyen de survie. Ses facultés intellectuelles, son corps, le monde extérieur ou encore la spiritualité qui définissent l'homme lui sont à présent étrangers. Voilà tout ce qu'il y a derrière le fait économique : l'aliénation de l'ouvrier et de son existence même.

Les effets de la science et des inventions entraînent également des conditions déplorables pour les travailleurs car avec la division du travail, encouragée de plus en plus dans notre culture, le travailleur est limité à une tâche et à une machine déterminées. Aussi, le passage d'un emploi à un autre est quasiment impossible, et l'ouvrier est condamné à reproduire le même geste mécanique durant toute son existence, sans espoir d'évolution.

L'aliénation du propriétaire

Le panorama s'élargit avec l'aspect suivant : l'être étranger que le travailleur trouve en face de lui (dont il est séparé, aliéné), c'est en définitive un autre homme qui est maître de l'objet mais dépendant de la chose. N'ayant pas travaillé, n'ayant pas façonné, le capitaliste a une relation de propriété avec la chose. C'est en tant qu'il y a travail aliéné des uns que se développe chez les autres cette relation de propriété à la chose, qui aboutit *in fine* à la soumission au produit. La propriété traduit en effet une dépendance par rapport à l'objet possédé, état typique du propriétaire qui est également dépossédé de lui-même en tant qu'il est possédé par la chose. Au contraire, l'homme s'humanise s'il travaille, s'il investit l'objet de son esprit et de sa main. Même dans le travail aliéné, on ne s'identifie jamais simplement à une chose si on la travaille. Le travail est donc aliénant relativement aux conditions de production et aux rapports ouvriers/propriétaires que dénonce Marx, mais sa fonction initiale reste néanmoins d'accomplir l'humanité en l'homme, et c'est en cela qu'il faut comprendre l'espoir de la désaliénation à travers le travail même, qui n'est aliénant que dans la logique du capitalisme.

■ L'idée de propriété dans le système communiste

Après avoir décrit l'aliénation économique et sociale, Marx présente dans les *Manuscrits de 1844* une version fort originale du communisme, comme système mettant fin à la propriété privée et au travail aliéné, permettant la réappropriation de l'homme par lui-même ainsi que de toutes choses par l'homme. Marx envisage un retournement total : il ne s'agit pas d'un communisme qui instituerait la propriété privée généralisée, bénéficiant à la communauté en son entier et non plus à quelques privilégiés ; ce communisme là n'est pas satisfaisant car tout y est encore traité comme chose, y compris la femme. Le communisme tel que l'entend Marx consiste au contraire en l'abolition pure et simple de la propriété privée qui est source d'aliénation de soi. La nature n'est pas notre chose, et en tant que telle nous n'avons pas le droit de la posséder. L'avènement du communisme chez Marx doit donc permettre de passer de l'aliénation, qui résulte du désir de posséder les objets, à la réconciliation totale avec ces choses mêmes. Désormais, tout homme ne fait plus qu'un avec les choses, avec la nature, avec l'autre homme aussi, sans la médiation d'une propriété particulière le repliant sur lui-même ; tous les hommes sont unis ensemble à la nature. Il n'est plus question *d'avoir*, de jouissance immédiate et exclusive :

> *L'homme s'approprie son être universel, d'une manière universelle, donc en tant qu'homme total [...] Tous les objets deviennent pour lui l'objectivation de lui-même, des objets qui confirment et réalisent son individualité. Il s'agit de ses objets, c'est-à-dire qu'il devient lui-même objet.*[36]

Il y a un retour à l'objectivation mais il s'agit d'une objectivation sans risque d'aliénation. Il n'y a plus de propriété en ce sens qu'elle n'a plus d'emprise sur l'homme (à travers les choses qui dépossèdent l'homme de lui-même), mais une appropriation plus radicale, plus intime.

> **Le communisme en pratique**
>
> Contrairement à ce qu'espérait Marx, l'Union soviétique n'a pas aboli la propriété privée (abolition qui devait mener au communisme) au sens radical où Marx l'entendait, probablement en raison du présupposé utopique de la thèse qui consiste à abolir la distance homme/nature et homme/chose. Il faut d'ailleurs remarquer que Marx ne s'attachera pas à cette idée : dans *Le Capital*, il abandonne cet aspect de l'utopie. Toutefois, il n'abandonne ni l'idée de cumul menant à un retournement de l'histoire, ni l'idée de processus rigoureusement déterministe qui n'a cessé de marquer le marxisme.

Le Capital

Le Capital expose la conception d'une extorsion quasi automatique de la plus-value, qui aboutit à une croissance indéfinie, au terme de laquelle on ne peut plus exploiter d'ouvriers : c'est l'engorgement du système. Tel est le contenu essentiel du grand ouvrage, prolongeant les intuitions des *Manuscrits de 1844*.

La théorie de la valeur et de la plus-value

La force de travail est payée à sa valeur de marché, c'est-à-dire à la valeur des biens nécessaires (selon ce marché) à la subsistance et à la reproduction du travailleur. En réalité, la force de travail a une valeur supplémentaire : celle qui se réalise dans la vente du produit résultant de l'opération productrice (produit auquel on soustrait les coûts des matières incorporées). La différence, c'est-à-dire la plus-value, s'accumule indéfiniment : d'une part dans le capital relancé dans le circuit productif sous la forme d'achat de machines et de matières, et d'autre part dans l'achat de force de travail en échange de salaires.

Les marchandises

Pour Marx, la circulation des marchandises est le point de départ. Dans une marchandise, il y a de la valeur d'usage et de la valeur d'échange.

 Valeur d'usage : ce que vaut une chose pour le consommateur en vertu de ses qualités diverses, par opposition à la **valeur**

d'échange qui désigne la valeur d'une chose par rapport à d'autres (dans l'échange), sans considérer ses qualités et ses propriétés spécifiques.

Si on occulte l'échange des valeurs d'usage (aspect matériel de la circulation des marchandises) pour ne considérer que les formes économiques qu'elle engendre, le terme ultime est l'argent. L'argent comme produit final de la circulation constitue la première forme d'apparition du capital : l'argent seul vaut pour lui-même et est cherché pour lui-même parce qu'il sert à tout ; il a une valeur en soi et est une fin en soi. Le capitaliste n'a pas d'égard aux besoins concrets mais vise la seule valeur d'échange. Il n'éprouve pas d'affection particulière pour le produit dans la mesure où ce n'est pas lui qui le façonne ou le crée. Ce qui lui importe, c'est la valeur du produit et la plus-value.

La force de travail

C'est la force de travail qui crée de la valeur : la puissance de travail, c'est-à-dire l'ouvrier, est le moyen pour la fin du capitaliste qu'est la plus-value. Le capitaliste trouve sur le marché une marchandise dont l'unique vertu est la création de valeur : c'est ce que Marx nomme la « puissance de travail » ou « force de travail ».

 Force de travail : ensemble des facultés physiques et intellectuelles dont l'homme dispose pour produire des choses utiles. Dans le travail, la personnalité même de l'homme est mise en œuvre. C'est de la force de travail que découle l'accroissement du capital et, corrélativement, le développement du capitalisme.

Marx fait l'hypothèse qu'il existe des travailleurs qui n'ont rien d'autre que leur travail. Contraint et forcé, le travailleur n'a d'autre choix pour assurer sa subsistance que de travailler au service du capitaliste, et le peu de gain qu'il tire de son travail ne lui sert qu'à maintenir son état physique pour pouvoir continuer de travailler et survivre. Le possesseur de la force de travail ne peut ni échanger ni vendre les marchandises qu'il a produites ; il est obligé de vendre sa force de travail elle-même : elle est une marchandise.

> Notre ancien homme aux écus prend les devants et, en qualité de capitaliste, marche le premier ; le possesseur de la force de travail le suit par derrière comme son travailleur à lui ; celui-là, le regard narquois, l'air important et affairé ; celui-ci, timide, hésitant, rétif, comme quelqu'un qui a apporté sa propre peau au marché et ne peut plus s'attendre qu'à une chose : à être tanné.[37]

Ce phénomène est dû à la disproportion entre le petit nombre de capitalistes et le grand nombre de travailleurs, ce que Marx omet souvent de dire (ou de redire) lorsqu'il fait de l'extorsion de la plus-value une sorte de phénomène naturel. En fait, la situation serait tout autre si la force de travail s'offrait en quantité restreinte face à un capital abondant : ce serait le capitaliste qui serait dépendant du travailleur, et non l'inverse. La dépendance du travailleur constitue donc la clé du système. Mais cette situation est scandaleuse dans la mesure où le travail devrait développer la personnalité et non la soumettre. Ce qui revient en propre à la personne est mis sous la volonté et sous l'entière dépendance d'autrui. Pour le travailleur, le contrat est léonin, c'est-à-dire signé sous la pression de la nécessité, sous l'effet de la force : ce n'est pas un acte libre reposant sur un consentement mutuel. La seule perspective d'issue est donc aussi le dépassement du salariat ; il faut que le travailleur s'affranchisse de la nécessité en s'associant avec les autres travailleurs et non plus avec le capitaliste :

> Le contrat par lequel il vendait sa force de travail semblait résulter d'un accord entre deux volontés libres, celle du vendeur et celle de l'acheteur. L'affaire une fois conclue, il se découvre qu'il n'était point un « agent libre » [...] et qu'en réalité le vampire qui le suce ne le lâche point tant qu'il lui reste un muscle, un nerf, une goutte de sang à exploiter. Pour se défendre contre le serpent de leurs tourments, il faut que les ouvriers ne fassent plus qu'une tête et qu'un cœur ; que, par un grand effort collectif, par une pression de classe, ils dressent une barrière infranchissable, un obstacle social qui leur interdise de se vendre au capital par « contrat libre », eux et leur progéniture, jusqu'à l'esclavage et à la mort.[38]

Faute de cela, le capital est un *perpetuum* mobile s'entretenant lui-même, sans autre but que lui-même et parfaitement indépendant. La préoccupation ultime du propriétaire est le « travail mort » (la valeur), au détriment du « travail vivant », ou force capable de créer de la valeur. Son objectif est de multiplier sans cesse la valeur issue de la force de travail.

 Travail vivant : travail qui est mis en œuvre ici et maintenant, par opposition au **travail mort** du passé qui a été incorporé dans les produits et dont le seul résultat compte.

Le capitaliste assure la subsistance de l'ouvrier par le travail qu'il lui fournit et par les objets qui sont nécessaires à sa survie, mais ce n'est pas son but. Les produits sont fabriqués par l'ouvrier, mais c'est le capitaliste qui les finance et qui donne l'impulsion de leur fabrication.

> *Le capitaliste, transformant l'argent en marchandises qui servent d'éléments matériels d'un nouveau produit, leur incorporant ensuite la force de travail vivant, transforme la valeur – du travail passé, mort, devenu chose – en capital, en valeur grosse de valeur, monstre animé qui se met à travailler comme s'il avait le diable au corps.[39]*

La pensée capitaliste telle que l'expose Marx va donc à l'encontre de la nature même du travail qui est normalement premier dans l'ordre naturel des choses.

Le surtravail ou l'esclavage moderne

Le système capitaliste tel que le décrit Marx répond donc à une logique d'exploitation du travail salarié. Pour réaliser du profit, il faut nécessairement qu'une partie de la force de travail mobilisée par l'ouvrier ne soit pas rémunérée : c'est le « surtravail ».

> *Le capital n'a pas inventé le surtravail. Partout où une partie de la société possède le monopole des moyens de production, le travailleur, libre ou non, est forcé d'ajouter au temps de travail nécessaire un surplus destiné à produire la subsistance du possesseur des moyens de production.[40]*

Maintenant que l'on peut vendre sur le marché international et que la vente à l'étranger devient le principal intérêt du possesseur de moyens de production, le gain peut être énorme pour le capitaliste, par contraste avec la perte du travailleur dont l'activité s'apparente à l'asservissement de l'esclavage. La nature même du capitalisme fait qu'on est davantage poussé à rechercher le maximum de profit, sans se soucier des conditions d'existence des travailleurs :

> *Après moi, le déluge ! Telle est la devise de tout capitaliste et de toute nation capitaliste. Le capitaliste ne s'inquiète donc point de la santé et de la durée de la vie du travailleur, s'il n'y est pas contraint par la société.*[41]

Étapes du capitalisme

La coopération

La coopération, c'est le travail isolé de plusieurs hommes sous les ordres d'un même maître. Les ouvriers sont isolés les uns des autres mais sont en relation en tant qu'ils participent à l'accroissement du même capital. Ils ne peuvent coopérer que pendant leur travail. Or, c'est précisément à ce moment-là qu'ils deviennent étrangers à eux-mêmes :

> *Au lieu de faire exécuter les diverses opérations par le même ouvrier les unes après les autres, on les sépare, on les isole, puis on confie chacune d'elles à un ouvrier spécial, et toutes ensemble sont exécutées simultanément et côte à côte par les coopérateurs.*[42]

La manufacture

La manufacture institue plus franchement la division du travail : chaque étape de fabrication est désormais unifiée et séparée de l'ensemble. Le savoir-faire de l'ouvrier est borné à une spécialité et son champ d'action réduit à un geste mécanique. L'ouvrier n'exécute plus les diverses opérations nécessaires à la fabrication de l'objet mais chacune d'entre elles est désormais déléguée à un agent spécialisé.

> *[La manufacture] décompose le même métier en ses opérations diverses, les isole et les rend indépendantes jusqu'au point où chacune*

> d'elles devient la fonction exclusive d'un travail parcellaire [...] L'ouvrier parcellaire transforme son corps tout entier en organe exclusif et automatique de la seule et même opération simple, exécutée par lui sa vie durant, en sorte qu'il y emploie moins de temps que l'artisan qui exécute toute une série d'opérations.[43]

L'envers du progrès de la productivité dans le système manufacturier est la dévalorisation du travail, le travailleur étant confiné à une activité dépourvue de sens et abêtissante. Les ouvriers sont évalués selon leurs facultés et restent dans une forme d'ignorance en raison de la disparition des frais d'apprentissage, trop coûteux pour l'employeur. Aussi, l'accroissement de la plus-value s'accompagne de la perte de la valeur de la force de travail et, en conséquence, d'un développement du surtravail.

Le machinisme et la grande industrie

L'apparition des machines diminue considérablement le besoin de main-d'œuvre. Le travailleur a toujours besoin de travail, mais le capitaliste a de moins en moins besoin de lui, ou tout du moins d'une part moindre de lui. Pour faire vivre une famille, il faut donc faire travailler les femmes et les enfants. L'exploitation consiste à abuser de ce système « pour transformer l'ouvrier en parcelle d'une machine qui fait elle-même partie d'une autre »[44]. Mais cela ne va pas sans contradiction :

> La contradiction entre la division manufacturière du travail et la nature de la grande industrie se manifeste par des phénomènes subversifs, entre autres par le fait qu'une grande partie des enfants employés dans les fabriques et les manufactures modernes reste attachée indissolublement, dès l'âge le plus tendre et pendant des années entières, aux manipulations les plus simples, sans apprendre le moindre travail qui permette de les employer plus tard n'importe où, fut-ce dans ces mêmes fabriques et manufactures.[45]

■ Une constante accumulation

La production transforme la richesse matérielle en capital et en moyens de jouissance pour le capitaliste. Le travail aliéné de l'ouvrier est la propriété du capitaliste : celui-ci consomme littéralement la force de travail et la transforme en capital. L'accumulation est facilitée par la constitution d'une « armée de réserve » de travailleurs, employés par intermittence :

> Le progrès de la richesse produit nécessairement une surpopulation ouvrière, celle-ci devient à son tour le levier le plus puissant de l'accumulation, une condition d'existence de la production capitaliste dans son état de développement intégral. Elle forme une armée de réserve industrielle qui appartient au capital d'une manière aussi absolue que s'il l'avait élevée et disciplinée à ses propres fins. Elle fournit (....) la matière humaine toujours exploitable et toujours disponible.[46]

Les méthodes pour accroître l'accumulation

Quels sont les procédés qui permettent d'accroître l'exploitation et, simultanément, la réserve ? Il y a d'une part le progrès industriel, qui contribue à la réduction du nombre d'ouvriers nécessaires tout en augmentant la quantité de travail (journées plus longues, labeur plus éprouvant) ; une autre méthode est d'augmenter et de remplacer les employés qualifiés par un plus grand nombre d'ouvriers non qualifiés et à moindre coût : les hommes sont remplacés par les femmes, par les enfants, ou par une main-d'œuvre bon marché issue de pays étrangers.

Les lois de l'évolution du système

Au terme du premier Livre du *Capital*, Marx cherche cependant à montrer que l'écrasement des travailleurs doit automatiquement connaître un revirement. Cette affirmation est en continuité avec son propos de toujours – depuis 1843 – sur le retournement, dialectique et messianique, de la situation du prolétariat. Il demeure aussi fidèle à l'idée d'une histoire conduisant à un terme, mais entend maintenant faire résulter le déclin du capitalisme, en quelque sorte scientifiquement, de lois d'une évolution tout à fait déterminée dans l'esprit du matérialisme historique de la Préface à la *Critique de l'économie politique* de 1859. Il y a deux grandes lois : la loi de baisse tendancielle du taux de profit et la loi de prolétarisation croissante.

La loi de baisse tendancielle du taux de profit

La loi de baisse tendancielle du taux de profit est une loi de rendements décroissants : en intensifiant la production, en cherchant à encaisser des surprofits par des innovations techniques, le capitaliste est obligé d'accroître proportionnellement la part du capital qu'il investit dans les moyens de production et les matières premières, son capital constant (c). En revanche, il accroît moins vite, voire n'accroît plus du tout, le capital variable investi en force de travail (v). Or, son taux de profit résulte du rapport entre la plus-value (p) issue du capital variable et *l'ensemble* du capital engagé (et pas seulement le capital variable), donc $c+v$. En d'autres termes, il a toujours fallu du capital pour exploiter le travail, mais il en faut désormais de plus en plus pour la même quantité de travail qui concourt seule au profit.

> **Les variantes de la loi tendancielle**
>
> La loi tendancielle n'est pas valable dans chaque cas. On peut même dire que si le capitaliste met en œuvre une innovation technique, son taux de profit augmente d'abord. Mais dès que son innovation se répand dans toute l'économie (jeu de la concurrence), son surprofit ou sa rente sont absorbés et tous les capitalistes doivent alors se soumettre au jeu de la loi de baisse tendancielle du taux de profit. Ainsi, tout le monde est obligé d'investir davantage.
>
> Aussi, plus le travail devient productif, plus le profit du capitaliste est menacé. Atterré par la chute du taux de profit, le capitaliste tente d'accroître sa production indéfiniment (moins de profit par unité, donc plus d'unités de produit), mais sans tenir compte des besoins solvables des consommateurs ; il amène alors la crise de la surproduction.

La loi de prolétarisation

La seconde loi est la loi de prolétarisation : il s'agit de l'exploitation croissante de la force de travail de chaque ouvrier (division du travail, simplification des tâches, rabougrissement de la force de travail qui prend de moins en moins de valeur), et simultanément, de la surpopulation relative en ouvriers qui en résulte, conséquence de la modification de la composition organique du capital : il y a moins d'appel à la main-d'œuvre, surtout qualifiée.

Composition organique : rapport du capital constant (*c*) et du capital variable (*v*).

D'autre part, il y a un nombre toujours plus grand de petits capitalistes qui sont éliminés par la concurrence et rejetés dans le prolétariat qui se développe sans cesse : l'armée de réserve industrielle, déjà mentionnée, ne cesse de s'accroître. Les capitalistes puisent dans cette armée pendant les périodes d'expansion du cycle économique et rejettent ensuite les travailleurs dont ils n'ont plus besoin quand le mécanisme de production s'engorge. C'est une armée de réserve pour le capital, mais c'est aussi une armée de mécontents qui, prenant conscience de leur situation d'opprimés, finissent par se soulever :

> *Les armes dont la bourgeoisie s'est servie pour abattre la féodalité se retournent à présent contre la bourgeoisie elle-même. Mais la bourgeoisie ne s'est pas contentée de forger les armes qui lui donneront la mort ; c'est elle encore qui a produit les hommes qui se serviront de ces armes, les ouvriers modernes, les prolétaires.*[47]

Le renversement du processus

Un cheminement progressif

Marx décrit enfin l'issue dans le chapitre 32 du Livre I du *Capital*, intitulé « La tendance historique de l'accumulation capitaliste » : il rappelle d'abord l'expropriation des petits propriétaires de parcelles pour l'accumulation première au point de départ de tout le processus. Dans le régime capitaliste, les producteurs sont changés en prolétaires. Le prolétariat se développe en vue du capital et s'étend à tous les pays en même temps que le système capitaliste. On est en pleine évolution sociale. Mais l'exploitation généralisée de la classe ouvrière s'accompagne de la résistance de la masse ouvrière, qui va finir par prendre le dessus sur les capitalistes et les propriétaires fonciers :

> *La classe ouvrière est sans cesse grossissante et de plus en plus disciplinée, unie et organisée par le mécanisme même de la production capitaliste. Le monopole du capital devient une entrave pour le mode de production qui a grandi et prospéré avec lui et sous ses auspices. La*

socialisation du travail et la centralisation de ses ressorts matériels arrivent à un point où elles ne peuvent plus tenir dans leur enveloppe capitaliste. Cette enveloppe se brise en éclats. L'heure de la propriété capitaliste a sonné. Les expropriateurs sont à leur tour expropriés.

La dialectique à l'œuvre

Il faut remarquer qu'avec le progrès de l'industrie, il n'y a plus que des moyens de production socialement exploités, donc réellement communs, des instruments rendus puissants par l'usage commun – il faut beaucoup d'ouvriers collaborant autour de ces mêmes instruments –, alors que ces biens sont encore sous propriété privée ; cette contradiction va devenir insupportable, et sa résolution, nécessaire : c'est la dialectique de l'histoire.

> La production capitaliste engendre elle-même sa propre négation [...] C'est la négation de la négation. Elle rétablit non la propriété privée du travailleur, mais sa propriété individuelle, fondée sur les acquêts de l'ère capitaliste, sur la coopération et la possession commune de tous les capitaux de production, y compris le sol. Pour transformer la propriété privée et morcelée, objet du travail individuel, en propriété capitaliste, il a naturellement fallu plus de temps, d'efforts et de peines que n'en exigera la métamorphose en propriété sociale de la propriété capitaliste, qui de fait repose déjà sur un mode de production collectif. Là, il s'agissait de l'expropriation de la masse par quelques usurpateurs ; ici, il s'agit de l'expropriation de quelques usurpateurs par la masse.

Tout a commencé avec l'appropriation par le capitaliste des biens des travailleurs indépendants. Il y a désormais réappropriation par les travailleurs qui collaborent à l'emploi des biens du capital. Cela ne signifie pas qu'ils vont devenir propriétaires privés, à la manière du capitaliste ; ils deviendront plutôt propriétaires individuellement ou, en d'autres termes, personnellement. Marx oppose ici « individuel » à « privé » : est privé ce qui est à soi seul, de façon privative ; en revanche, est individuel quelque chose qui peut être à l'usage très personnel de plusieurs personnes, sans frustration. Le terme « individuel » signifie donc « social », aussi étrange que cela puisse paraître.

Comment se représenter l'avenir ?

Le travail en commun

Marx ne se prononce guère sur la forme concrète que l'avenir peut revêtir. Il évoque seulement pour demain une association de travailleurs dépensant leur travail en commun selon un plan. C'est la formule qui décrit le mieux l'organisation qui devrait être, selon lui, celle de l'économie future, éloignée, semble-t-il, de l'idée de propriété étatique des moyens de production :

> *Représentons-nous une réunion d'hommes libres travaillant avec des moyens de production communs et dépensant, d'après un plan concerté, leurs nombreuses forces individuelles comme une seule et même force de travail social [...] Le produit total des travailleurs unis est un produit social.*[48]

La répartition

La répartition de ce produit est ainsi envisagée ensuite. Une partie sert comme moyen de production, et à ce titre elle est sociale : elle est au service de tous les travailleurs réunis. Le reste est destiné à la consommation et sera réparti diversement selon le degré de développement historique des travailleurs. Dans un premier temps est envisagée une répartition selon le temps de travail de chacun. Dans d'autres textes, Marx a prévu, pour la suite, le passage de la répartition par le temps de travail à la répartition selon les besoins de chacun. Mais on est bien démuni en ce qui concerne le critère de l'appréciation des besoins de chacun. Est-il rien de plus subjectif, dans notre expérience, que cette appréciation ? L'analogie la plus plausible est celle de certaines coopératives de production où tous les coopérateurs ont des parts égales au capital et reçoivent une part égale des fruits, mais on n'y trouve guère de règle de répartition selon les besoins de chacun. Il est bien difficile aussi d'imaginer une coopérative des travailleurs de l'humanité entière à laquelle semble renvoyer Marx. Malgré l'idée d'association des travailleurs mettant leurs forces de travail en commun, on ne peut donc pas dire que Marx ait fourni beaucoup de précisions pour l'organisation de la société économique de l'avenir. Le plus souvent, les disciples se sont contentés, eux, de prolonger vers l'avenir l'idée de propriété étatique des biens de production, dont Marx a pourtant clairement dit qu'elle ne saurait durer au-delà de la révolution même.

Conclusion

Dans les *Manuscrits de 1844* et dans *Le Capital*, Marx a ainsi repris la critique des diverses aliénations et montré que l'abolition de l'exploitation capitaliste doit entraîner l'abolition des autres types d'aliénation (dont l'aliénation socio-économique) qui en découlent, notamment l'abolition de l'aliénation de la politique, c'est-à-dire l'abolition de l'État même, qui n'a plus d'emprise sur les hommes une fois qu'ils se sont réconciliés dans leur vie économique. Selon Marx et Engels, l'État peut et doit donc s'éteindre, bien que cela n'ait guère eu lieu dans la pratique.

Seconde partie

Le marxisme

Chapitre 5

Quelques philosophes marxistes

Antonio Gramsci (1891-1937)

Une pensée de la prison

Très tôt militant socialiste, Antonio Gramsci prit position contre les tendances réformistes et mécanistes affadissant le marxisme dans la période précédant la Première Guerre mondiale. Séduit par la révolution d'Octobre, il fut en 1921 l'un des fondateurs du PCI (Parti communiste italien), dont il deviendra le Secrétaire général en 1926, Mussolini étant au pouvoir depuis 1922. Gramsci lutta ardemment contre Mussolini et contre le fascisme. Arrêté en 1926, il fut jeté en prison où il resta pratiquement jusqu'à sa mort. C'est en prison qu'il a écrit les fameux *Quaderni* (« Carnets de prison »), qui seront publiés après la Seconde Guerre mondiale.

Il a beaucoup promu l'idée de *praxis* (« pratique » en grec) reprise de Marx. Il pensait que le marxisme était capable de fournir les bases pour une conception totale du monde et de la culture. Il croyait en l'expansion de cette philosophie révolutionnaire face à l'idéologie de la bourgeoisie, et a tenté tout au long de sa vie d'en faire une nouvelle culture au sein de laquelle, espérait-il, le prolétariat occuperait une place hégémonique.

Gramsci s'est par là attaqué aux tendances bolcheviques du Parti communiste italien, faisant valoir, à l'opposé, la nécessité d'un vaste mouvement culturel en s'appuyant sur l'exemple de la culture populaire à large diffusion dont le catholicisme italien (son clergé et ses intellectuels) détenait, selon lui, le secret. En prison, il lisait nombre d'articles de la *Civiltà cattolica*, notant de multiples réflexions sur les positions prises par les jésuites italiens qui dirigeaient cette revue. Pour lui, le passage au communisme devait être bien autre chose qu'un « coup » mené par un groupe révolutionnaire.

L'originalité de Gramsci

Plus largement, pour Gramsci, il y a une relation étroite entre les structures sociales, liées directement aux forces productives, et la superstructure, idéologique et politique. Ce lien est assuré « superstructurellement » par les intellectuels : des « intellectuels organiques » (qui ne sont pas nécessairement de grands intellectuels) au service de la cause du parti. Il faut d'emblée noter ici une importante modification des rapports entre la base et les superstructures tels que Marx les avait présentés.

> **Les intellectuels, qui sont-ils ?**
>
> Le sens du terme est large : depuis les dirigeants d'industrie jusqu'aux artistes, aux savants et aux représentants de la culture, en passant par les hommes politiques, les administrateurs, les bureaucrates, et même les organisateurs ecclésiastiques. Il s'agit de catégories et non de personnes particulières. Il y a deux sortes d'intellectuels : d'une part, les *intellectuels organiques* (de la nouvelle société sur le point de naître), et d'autre part, les *intellectuels traditionnels*, ceux qui font partie de la société antérieure.

À l'opposé d'une conquête purement politique par la force de type fasciste dictatorial, le communisme doit s'efforcer de parvenir à une hégémonie culturelle par la persuasion et par la diffusion d'œuvres artistiques, littéraires, scientifiques, etc., c'est-à-dire en « démocratisant » la culture. Il s'agit pour Gramsci d'obtenir le consentement des masses paysannes (des paysans de l'Italie du Sud notamment). De ce point de vue, Gramsci se distingue de Lénine qui a conquis le pouvoir par la force de son parti, constitué pour l'essentiel de révolutionnaires professionnels. Mais Lénine a dominé le développement des partis communistes depuis la révolution d'Octobre. Pour faire place à Gramsci, il faudra donc attendre la période qui suit la Seconde Guerre mondiale (période qui correspond à l'essoufflement du schéma léniniste) et voir poindre un eurocommunisme de caractère plus démocratique.

N'oublions pas cependant que Gramsci était léniniste à sa manière et que l'influence qu'il a eue s'explique en partie par cette position même.

Roger Garaudy (né en 1913)

Député puis sénateur, membre du Comité central du PCF à partir de 1956, Garaudy en fut finalement exclu en 1970. Ce fut probablement l'événement le plus important de sa vie. En 1953, son livre *La théorie matérialiste de la connaissance* expose un marxisme tout contenu dans les canons soviétiques. Mais Garaudy se rallie ensuite au marxisme des œuvres de jeunesse puis travaille au dialogue entre chrétiens et marxistes. L'ouvrage *De l'anathème au dialogue* publié en 1965 en témoigne. Il se déclare même chrétien, interprétant le christianisme d'une manière très personnelle. Plus tard, il se convertira à l'islam. Il sera condamné pour avoir contesté d'évidents crimes contre l'humanité dans *Les mythes fondateurs de la politique israélienne* (1995).

Le premier humanisme de Garaudy

Ce n'est pas seulement par l'évolution qui l'a mené à l'exclusion que Garaudy peut être considéré comme le représentant d'un marxisme humaniste. Il avait déjà professé un humanisme d'un autre style, proche d'un certain humanisme soviétique des années 30 (au temps d'un Mitchourine par exemple), proche aussi de celui que développaient Politzer et ses amis en France avant la Seconde Guerre mondiale, ainsi que du marxisme de l'après-guerre français, que l'on rencontre chez un Paul Langevin et un Henri Wallon. Garaudy a professé cet humanisme scientifique avec enthousiasme dans son livre *Le communisme et la Renaissance française* (1945) : il croit en la science et a le sentiment du « caractère sacré de la recherche scientifique » ; il fonde également ses espoirs dans la technique. Il donne du poids à l'affirmation selon laquelle l'homme est objet de science pour l'homme : à ses yeux, l'invasion des techniques doit transformer positivement les rapports des hommes entre eux et leur rapport à la nature. Il affirme aussi que la communauté humaine doit se réaliser par le travail et que la nouvelle culture scientifique sera libératrice. Garaudy était donc très optimiste quant au devenir de l'homme et au communisme.

Le second Garaudy

Fidèle disciple en tout cela du parti communiste, Garaudy va, au contraire, devenir une brebis galeuse en raison de son ralliement à l'idée d'un bloc historique par lequel peut s'effectuer une avancée vers le socialisme. Ce bloc historique comprend bien autre chose que l'alliance entre les ouvriers, les paysans et les classes moyennes. On entre en effet dans le monde de la cybernétique et de l'informatique, où le travail intellectuel joue un rôle croissant : c'est une avancée de la culture, par analogie avec les vues de Gramsci, qui doit aboutir à la démocratisation de la gestion puis à l'autogestion. En 1969, Garaudy affirme ainsi :

> À une certaine étape du développement des forces productives (celle de l'actuelle révolution scientifique et technique), le plein développement de l'homme devient, sous peine de freinage, la condition nécessaire du développement historique.[49]

C'est alors qu'il reconnaît aussi tout un humanisme – il attache toujours une grande valeur à ce terme – dans le christianisme, à l'occasion duquel il entrera en conflit avec l'orthodoxie du Parti communiste français.

Le marxisme de Garaudy, toujours en vie à ce jour, n'a pas, semble-t-il, de postérité directe.

Henri Lefebvre (1901-1991)

Philosophe et sociologue, Henri Lefebvre se rallie au marxisme en 1930. Il fut un théoricien conséquent du PCF jusqu'à son exclusion (qui a lieu avant celle de Garaudy) en 1958, suite à la publication d'ouvrages revalorisant l'héritage de Hegel qui seront interprétés comme un retour à l'idéalisme. De manière très indépendante, Lefebvre est ensuite devenu un critique virulent des structures de la société contemporaine qu'il assimile à une « société bureaucratique de consommation dirigée »[50]. Comme chez Gramsci, le dépassement de cette société n'est possible que par une révolution culturelle permanente. Mais c'est surtout en se référant à la lecture de Hegel qu'il faut comprendre les théories de Lefebvre.

> **Ouvrages de Henri Lefebvre à retenir**
>
> - *La conscience mystifiée* (1936)
> - *Le matérialisme dialectique* (1940)
> - *Lénine* (1957)
> - *La Somme et le Reste* (1959)
> - *Critique de la vie quotidienne* (1947 et 1981)
> - *La Révolution urbaine* (1970)
> - *De l'État* (1976-1978)
> - *Le Retour de la Dialectique* (1988)

La dialectique

Selon Lefebvre, il existe une dialectique sophistiquée qui « ne conclut à rien qu'à la vanité de l'objet traité dialectiquement »[51], contrairement à la dialectique que nous découvre Hegel. Pour Lefebvre, la dialectique peut s'élever jusqu'à la science qui détecte la vérité par-delà les contradictions de l'entendement humain. C'est le contraire du balancement si souvent associé à l'idée de dialectique. La contradiction cesse ainsi d'être absurdité, hésitation, oscillation ou confusion de la pensée. Le conflit nécessaire des déterminations finies est dévoilé :

> *Le mouvement, dans le contenu et dans la forme de la pensée, a une structure antagonistique. Le devenir traverse les termes en opposition, engendre, face à chacun d'eux, à son niveau et à son degré, son « autre » qui est en conflit avec lui, et finalement dépasse l'opposition en créant du nouveau.*[52]

Toutes les formes d'existence sont engagées dans le mouvement total et contraintes à sortir de soi. Ainsi, les êtres finis portent, par le mouvement dialectique total, une part d'infini en eux. Il y a un dépassement de la condition d'être fini par l'émergence dans la totalité.

■ Le matérialisme dialectique

Le matérialisme dialectique est une pensée empruntée à la dialectique hégélienne. Pour Lefebvre, le mouvement dialectique n'exclut rien et dépasse toute position unilatérale. La succession des termes de la dialectique (thèse, antithèse, synthèse) donne lieu au mouvement total. Il faut dépasser l'hégélianisme (mouvement total de l'Esprit) par une conception matérielle – et non plus idéelle – de la dialectique. L'idée du tout demeure alors, mais elle est désormais accompagnée de l'idée de concret : chaque époque est une totalité concrète. Le dépassement ici est vitalité. Tout ce qui est isolé doit intégrer le tout.

■ L'homme total en formation

Le concept d'« homme total » contient, enfin, en lui la signification de la dialectique historique et matérielle de Lefebvre. L'homme total, c'est l'homme et son autre, la totalité de l'esprit humain à travers l'évolution de ses rapports de production, les souffrances que cela génère, etc. L'autre de l'homme n'est pas celui qui l'anéantit mais au contraire celui qui le construit. L'homme total est donc l'humanité en l'homme qui a traversé toutes les contradictions. Le tragique de l'histoire se justifie non par rapport aux individus qui l'ont subi, mais par rapport au devenir de l'homme qui devait nécessairement, pour se réaliser, passer par des événements tragiques :

> *L'histoire n'a cependant pas été un absurde chaos d'anecdotes et de violences. Cette conception de l'histoire nie l'histoire, qui n'existe comme telle que par son sujet vivant, l'homme total qui se forme à travers elle. L'homme est encore dans la douleur de sa naissance ; il n'est pas encore né ; à peine pressenti comme unité et solution, il n'est encore que dans et par son contraire : l'inhumain en lui.*[53]

L'homme total c'est, encore, à la fois le sujet et l'objet du devenir. Il est le sujet vivant qui s'oppose à l'objet et qui parvient à surmonter cette opposition. Le déchirement que cela procure en lui est d'abord souffrance mais le conduit progressivement vers la liberté, moment où l'homme total devient totalité (comme la nature, mais il est libre et il la domine). L'homme total est désaliéné. L'art fait figure de pressentiment de l'homme total et, à terme, il n'y aura plus seulement l'homme total mais aussi l'« acte total », présence unique dans la nature de l'homme en perpétuel mouvement.

On comprend que Lefebvre ait paru s'éloigner du modèle traditionnel du marxisme, mais il a développé par là une échappée originale et inattendue au sein du matérialisme dialectique.

Louis Althusser (1918-1990)

Contrairement à Henri Lefebvre, Louis Althusser reprend, dans les années 60, le chemin du modèle traditionnel du marxisme et va renforcer sa configuration. D'origine lyonnaise, il est professeur de philosophie à l'École Normale Supérieure de la rue d'Ulm à Paris. Militant politique important du Parti communiste français, il est connu pour avoir rompu avec toutes les tendances (qu'il jugeait idéologiques) qui visaient à reconduire le marxisme vers une forme d'humanisme. Il oppose à ces lectures idéologiques une lecture scientifique des œuvres de Marx et Engels. Selon lui, une coupure nette sépare *Le Capital* et *L'idéologie allemande* (1845) des œuvres de jeunesse de Marx (jusqu'aux *Manuscrits de 1844*). Il tente de reconduire le Parti communiste français vers une politique plus radicale que celle qu'il voyait se développer progressivement au sein du parti, lequel renonçait à la notion, devenue insupportable pour beaucoup, de « dictature du prolétariat ». Althusser refusera toujours de suivre le parti dans cette décision, si importante fut-elle dans son évolution.

Une pensée abstraite

Quel est en réalité le noyau de cette pensée dont l'expression est tourmentée et très abstraite ? La philosophie initiale de Marx présente l'homme comme un sujet soumis à des aliénations multiples. Mais l'aliénation économique (aliénation fondamentale qui détermine toutes les autres), évoquée par Marx dans *Le Capital*, est au centre de l'intérêt d'Althusser. Pour lui, *Le Capital* est une œuvre de démonstration économique en comparaison des écrits de jeunesse de Marx, mais la vision de l'homme caractéristique de ses premiers écrits continue, semble-t-il, de sous-tendre l'ambition d'ensemble. Althusser cherche, lui, à dégager une signification du *Capital* qui n'aurait plus aucun rapport avec la philosophie humaniste du premier Marx : ce serait une « structure », sans rapport avec un quelconque sujet, pensée qui s'inspire du structuralisme de l'époque.

Structuralisme : doctrine qui privilégie la perspective structurale dans l'analyse des productions humaines. La méthode des structuralistes consiste à penser les choses non pas en elles-mêmes mais par rapport à la structure générale dans laquelle elles s'insèrent. Althusser, par exemple, va penser les rapports humains selon un point de vue historique et économique.

Althusser ne prétend pas que *Le Capital* révèle cette structure pure de manière obvie, mais il pense qu'on peut la dégager par une lecture symptomatique (au-delà de la lecture immédiate), qui permet d'accéder à une interprétation purement scientifique en se débarrassant des scories.

La lecture althussérienne de Marx fait ainsi de l'histoire des hommes un processus sans sujet, a-humaniste, où les personnes ne sont que la personnification de catégories économiques, des supports, sans noms d'homme, de rapports de classes. Personne n'a plus de comptes à rendre à personne. Ceci mène, entre autres, à dévaloriser la politique face à l'économie, ce qui, paradoxalement, va donner le champ libre à ceux qui monopolisent la politique dans les configurations socialistes de l'époque.

La théorie d'Althusser fut vivement contestée (notamment par Henri Lefebvre) mais elle constitue néanmoins une partie de l'héritage complexe et multiple du marxisme.

> **Œuvres et influence d'Althusser**
>
> De ses œuvres, il faut surtout retenir les ouvrages *Pour Marx* et *Lire le Capital* publiés en 1965, puis *Lénine et la philosophie* en 1969. Bien d'autres écrits éclairant son cheminement ont été publiés après sa mort. Ils reflètent une grande méfiance à l'égard de toute philosophie et de la religion (notamment chrétienne), dont il s'était éloigné dans sa jeunesse, choix qui explique son adhésion rigide à un marxisme scientiste. Paradoxalement, sa pensée va attirer nombre de chrétiens, essentiellement sud-américains, par l'intermédiaire d'une de ses élèves, Marta Harnecker, influente d'abord au Chili : si le marxisme était une science, on ne pouvait le soupçonner, pas plus qu'aucune autre science, de menacer la foi chrétienne !

L'École de Francfort

L'École de Francfort naît en Allemagne en 1923. Après une « première semaine de travail marxiste » à Ilmenau en Thuringe, les intellectuels **Lukacs**, **Korsch**, **Pollock** et **Wittfogel** se proposent de dégager la notion d'un marxisme vrai et pur. Avec l'avènement du national-socialisme, l'École doit s'exiler : à Paris dès 1933, puis à Genève, à Londres, aux États-Unis. Elle ne reviendra en Allemagne qu'en 1950 puis fondera aux États-Unis la *New School of Social Science* de New York.

L'École de Francfort s'inscrit dans la théorie critique de l'aliénation du jeune Marx ; elle s'écarte du matérialisme dialectique ou historique, jugeant le déterminisme historique inhérent au matérialisme trop naïf et trop rigide, c'est-à-dire trop peu culturel.

Horkheimer, directeur du premier Institut à l'origine de l'École (1931) parla très tôt de mise en œuvre d'une théorie « critique ». Après la période de l'exil, **Théodor Adorno** remplace Horkheimer à la direction et ouvre l'École à l'esthétique musicale. Mais avec **Marcuse**, l'École élabore une critique expresse de l'« homme unidimensionnel » produit par le système industriel moderne. On retrouve le même genre de thèmes dans la *Condition de l'homme moderne* d'**Hannah Arendt**, disciple de Heidegger.

De son côté, **Walter Benjamin** s'intéresse à l'art (au baroque allemand surtout), et **Erich Fromm** à la psychanalyse et à la pédagogie. **Jürgen Habermas**, philosophe de grande renommée, appartient quant à lui à une génération d'héritiers avec sa théorie de l'action de communication comme substance de l'historique.

Les diverses orientations de l'École de Francfort renvoient à la critique de la politique comme instrument de domination évoquée au début du présent livre. L'héritage philosophique de Marx, fondamental dans l'évolution de la pensée marxiste, est ici à l'opposé des reconstructions rigides auxquelles s'est livrée la pensée soviétique (et la pensée communiste en général) jusqu'à secréter une idéologie d'État. Avec l'École de Francfort, on peut parler d'un « marxisme critique du marxisme », c'est-à-dire d'une critique du marxisme courant de cette longue époque.

Marx aujourd'hui

Dans le prolongement de ce courant de l'École de Francfort, tout un pan de la phénoménologie manifeste le prix de l'altérité, à la manière de Levinas et de Ricœur, faisant perdurer ainsi l'anthropologie dialectique de Marx. L'influence de la pensée de Marx est aussi perceptible dans la revue et la collection « Actuel Marx », rattachées à l'Université de Nanterre avec des personnalités comme Jacques Bidet, Jacques Texier, etc. Beaucoup plus proche du parti communiste, on trouve « Espaces Marx » qui a aussi voulu s'inscrire dans une perspective critique à la suite du mouvement social de 1995 face à l'idéologie ultralibérale : son but serait « d'explorer, confronter, innover dans la ligne d'une transformation sociale émancipatrice d'humanité ». Le mot-clé est ici « émancipation ». À côté de ces groupes de réflexion sur le marxisme, il y a aussi des penseurs de philosophie politique contemporaine comme Rawls, Taylor ou Sandel qui revisitent et réaniment, dans une perspective sociale et politique qui leur est propre, les grandes étapes de la pensée de Marx.

Chapitre 6

Les figures majeures du marxisme

Les premiers développements du marxisme

L'Allemagne

Faisons toutefois retour au XIXe siècle, au lendemain de la mort de Marx. C'est d'abord en Allemagne que se fait sentir l'influence des idées du *Manifeste du Parti communiste* et du *Capital*. La social-démocratie naît au congrès de Gotha, en 1875, de la fusion du parti de Ferdinand Lassalle et de celui de Wilhelm Liebknecht et August Bebel. Ces partis n'empruntent certes encore que quelques thèmes au marxisme. Celui de Liebknecht et de Bebel a commencé à se nourrir de pensée marxiste lors du congrès d'Eisenach en 1869.

Ensuite, le parti issu de la fusion de 1875 va être traqué sévèrement par Bismarck de 1878 à 1890, contraint à une quasi-clandestinité. Il faudra attendre 1891 pour qu'il prenne son essor.

L'Autriche

À partir de 1904, l'Autriche secrète une école de pensée très originale avec des personnalités éminentes comme Max Adler, Rudolf Hilferding, Karl Renner ou Otto Bauer. Ils traitent en particulier du problème des nationalités – nous sommes dans le vaste Empire austro-hongrois – dans le contexte de l'universalisme marxiste, problème qui resurgira par ailleurs avec Lénine et Staline en Russie.

La France

En France, les influences sont multiples avec Babeuf, Blanqui ou Proudhon. Mais bientôt les guesdistes vont se distinguer par une vocation plus authentiquement marxiste (Jules Guesde et Paul Lafargue ont en effet connu Marx personnellement).

Le premier parti français qui se proclame internationaliste (collectiviste) et qui vise la prise du pouvoir est le Parti ouvrier français, qui voit le jour entre 1890 et 1893. C'est probablement le premier parti moderne qu'ait connu la France.

L'Italie

Le Parti des travailleurs italiens naît, de son côté, en 1892, mais le marxiste Antonio Labriola refuse de se rendre au congrès de fondation car il est animé par Filippo Turati, hermétique aux analyses de Marx. Aussi, bien qu'il ait contribué à la modernité du marxisme, Labriola n'a pas eu, dans l'immédiat, toute l'influence qu'il aurait pu avoir sur la pensée marxiste, tant en Italie qu'en Europe.

> **L'Europe en bref...**
>
> C'est donc à peu près à la même période (fin du XIXe siècle) que la pensée marxiste s'impose dans les pays européens. Toutefois, ce nouveau courant va vite laisser la place au « révisionnisme » – ici, courant idéologique qui vise à réformer la doctrine politique en place –, avec Bernstein en Allemagne, Jaurès et Sorel en France et avec Benedetto Croce en Italie, cependant que se dresse en face la social-démocratie russe avec Lénine qui contribuera à d'importantes mutations.
>
> Dès ces années, peut-on dire, se trouve en place la scène où vont se jouer les affrontements entre grandes tendances du marxisme significatifs de presque tout le XXe siècle.

Les grandes figures marxistes

Friedrich Engels (1820-1895)

La propriété commune originelle

Engels, le compagnon de toute l'œuvre de Marx, avait déjà renforcé le déterminisme de sa doctrine en appliquant la dialectique à la nature. Dans ses ouvrages d'anthropologie, il l'accentua plus encore en insistant sur l'universalité d'une première étape de l'histoire, caractérisée comme le communisme primitif accompagnant la communauté primitive : selon lui, « tous les peuples civilisés commencent par la propriété commune du sol ». Par là, il a consolidé le marxisme comme un schéma de logique historique strict, universel et nécessaire : on doit aller de la propriété commune à la propriété privée, puis faire nécessairement retour à la propriété commune :

> *Pour tous les peuples qui dépassent un certain stade de la phase primitive, la propriété commune devient, au cours de l'évolution de l'agriculture, une entrave à la production. Elle est abolie, niée, transformée, après des phases intermédiaires plus ou moins longues, en propriété privée. Mais, à un degré supérieur de développement de l'agriculture amené par la propriété privée du sol elle-même, c'est au contraire la propriété privée qui devient une entrave à la production ; c'est aujourd'hui le cas tant pour la petite que pour la grande propriété foncière. La nécessité de la nier, elle aussi, de la convertir à nouveau en bien commun se manifeste comme une fatalité.*[54]

Le processus révolutionnaire et la légalité

Engels a bien évidemment l'idée d'un progrès dans la dernière étape par rapport à la première (elle est « de beaucoup supérieure »). Les traits de « nécessité » et de « fatalité » n'en sont pas moins très marqués dans cette pensée. Et Engels n'est pas vraiment connu pour avoir fait beaucoup de place à l'idée d'initiative révolutionnaire, de retournement, ou bien pour s'être inscrit dans une pensée de constitution messianique. Il est donc possible de voir en lui un précurseur de l'inflexion que le marxisme reçoit peu avant sa mort (1895) dans la IIe Internationale fondée en 1889. La Ire Internationale avait souffert des menées blanquistes et bakouninistes, tendant à justifier tout ce qui était soulèvement, voire coup de main. La IIe Internationale est au contraire attentive à ne pas céder à de tels enthousiasmes et à épouser le mouvement du réel historique sans rien précipiter ou devancer.

Paradoxalement, l'inflexion à laquelle contribue ainsi Engels n'est pas seulement un renforcement du déterminisme : c'est aussi une atténuation de la rigueur de l'économisme du matérialisme historique. Dès ce moment-là, la politique comme telle, voire le culturel, retrouvent de la signification dans les programmes. Engels écrit dans une lettre à Joseph Bloch le 21 septembre 1890 [55] :

> *Il y a action et réaction de tous les facteurs au sein desquels le mouvement économique finit par se frayer son chemin comme une nécessité à travers la foule infinie des hasards [...] C'est Marx et moi-même, partiellement, qui devons porter la responsabilité du fait que, parfois, les jeunes donnent plus de poids qu'il ne lui est dû au côté économique. Face à nos adversaires, il nous fallait souligner le principe essentiel nié par eux, et alors nous ne trouvions pas toujours le temps, le lieu, ni l'occasion de donner leur place aux autres facteurs qui participent à l'action réciproque.*

Le même Engels a, nous l'avons vu, souligné à la fin de sa vie qu'une formation en soi révolutionnaire pouvait s'inscrire dans la légalité, dans le cadre des combats électoraux et parlementaires, précisément pour l'action de transformation. Cela traduisait donc déjà une pensée marxiste plurielle non sans des contradictions apparentes.

Edouard Bernstein (1850-1932)

■ L'adversaire

Très connu dans les milieux communistes, Bernstein a été le plus souvent considéré comme l'adversaire par excellence. Il est si important qu'à la fin du XIXe et au début du XXe siècles se pose l'alternative suivante : Lénine ou Bernstein. Bien qu'il fut en conflit avec Lénine et Kautsky, il a pu rester au Parti social-démocrate (le Parti communiste allemand ne naîtra qu'après la scission de la IIIe Internationale créée par Lénine après la révolution d'Octobre). Il est connu pour ses *Présupposés du socialisme et devoirs de la social-démocratie* de 1899 (traduits parfois aussi sous le titre *Socialisme théorique et social-démocratie pratique*). Bernstein ne disait pas : « Je vous présente le vrai Marx, d'autres l'ayant mal compris ou trahi », mais bien plutôt « Étant marxiste, je fais néanmoins un tri parmi les idées de Marx, car il est des aspects de sa pensée qui me semblent insoutenables et dangereux, ceux qui proviennent de l'hégélianisme, d'une dialectique a priori, d'un radicalisme tout intellectuel menant à l'intolérance ».

Bernstein critique de Marx

Une pensée de la modération

La révolution telle que l'imaginait Marx est particulièrement dangereuse pour Bernstein. Selon celui-ci, il s'agit plutôt d'entreprendre des transformations qui conduisent au socialisme par la voie parlementaire, en convainquant la majorité de son bien-fondé au moyen d'un puissant syndicalisme ouvrier au sein de cette majorité. Le problème de la théorie de Marx est qu'elle oblige à entrer dans un schéma d'oppositions radicales entre bourgeoisie et prolétariat, entre capitalistes et ouvriers, entre communistes et socialistes, et constitue ainsi une rigide construction de l'esprit. Bernstein conteste que la réalité relève de ce caractère dialectique extrême. Il faut par exemple refuser l'idée, ou plutôt l'utopie, de voir décroître constamment le nombre des propriétaires. Le jugement sur la violence va dans le même sens :

> *Pendant longtemps, les marxistes n'ont attribué à la force qu'un rôle négatif (dans leur lutte contre Bakounine). Aujourd'hui, nous assistons plutôt à l'excès inverse. La violence est presque considérée comme le seul facteur dynamique, le seul principe créateur.*[56]

Bernstein accuse même Marx, à la mode en cette fin de siècle, d'être un tenant de Blanqui, ce qui ne peut que surprendre quand on connaît la ferveur de Marx dans sa lutte contre celui-ci : Blanqui était considéré par Marx comme le conspirateur-type et non comme un vrai révolutionnaire. En face du radicalisme et du catastrophisme qu'il perçoit chez les marxistes de son époque, Bernstein lance la fameuse formule « Le mouvement est tout, ce qu'on appelle ordinairement le but final du socialisme n'est rien »[57], par laquelle il vise le socialisme du grand soir qui était censé arriver d'un seul coup. Pour Bernstein, il n'y a ni but final ni fin de l'histoire, mais une recherche humaniste : le mouvement socialiste est capable de véritables réalisations, mais ce seront, au fond, toujours des étapes. On peut aussi interpréter cette formule comme une injonction à l'attention que nous devons porter au quotidien, au lieu de se centrer sur un grand événement à venir mais qui n'est pas encore là et qui n'arrivera peut-être jamais.

Pour la démocratie

Bernstein affirme de même que la démocratie est première par rapport au socialisme, quelque important que soit celui-ci. Dans un système démocratique, les partis et les classes reconnaissent les limites de leur pouvoir, ce qui leur permet de viser des actions possibles et non pas idéales ou radicales comme c'est le cas dans le marxisme pur.

Dans cette perspective, il est bien évident que la société civile ou économique, le jeu des intérêts en elle, ne produit pas automatiquement une situation de justice entre les hommes, voire de liberté pour chacun ; il revient aux hommes réunis en une société d'autre nature, où ils jurent de se soutenir les uns les autres, de s'organiser pour qu'advienne la justice, pour que tous partagent aussi la liberté. En faisant confiance à un processus démocratique, on peut corriger par exemple les effets d'un capitalisme qui favorise les détenteurs de capitaux, recueillant tous les fruits de l'entreprise une fois assuré le dédommagement forfaitaire de ceux qui n'ont que leur travail à apporter, exerçant du coup une influence disproportionnée dans le destin de ces derniers (ce qui est le problème aujourd'hui le plus ressenti). En outre, même si Marx avait des raisons de soupçonner les pouvoirs politiques de son temps de soutenir les puissants de l'économie, il a aggravé le problème en le généralisant, en expliquant que tout pouvoir politique n'est qu'un instrument au service de la classe dirigeante, sans s'interdire d'en créer un lui-même au service de son propre parti, parti d'une nouvelle classe dirigeante, supposée la dernière mais n'échappant pas, dans un premier moment au moins, aux mêmes caractéristiques que toute autre classe dirigeante. La divergence de Bernstein porte donc sur la méthode et sur les moyens, essentiels pour lui. Il ne pense pas que l'analyse de l'injustice du système capitaliste et sa transformation en un système socialiste préconisée par Marx soient une erreur. Bien au contraire, il est un fort tenant de l'action de l'État et partage l'idée des mesures d'étatisation proposées par Marx pour le premier jour de la révolution. Mais cela ne doit pas entacher l'avenir, car la société communiste doit être associative. Si l'on veut compter sur la politique, il vaut mieux commencer par l'enraciner dans la reconnaissance et le respect mutuels entre les hommes plutôt que de la présenter comme un instrument de domination.

> **La pensée de Bernstein aujourd'hui**
>
> L'intérêt de la lecture de Bernstein repose sur les raisons (largement partagées) de son rejet de la version soviétique ou communiste du marxisme, et non des théories telles que Marx les a exposées. Aujourd'hui, cela pourrait rejoindre la méthode du socialisme démocratique mais de manière très imparfaite, le mouvement socialiste démocratique prêtant peu d'attention dans l'actualité à la critique proprement dite du capitalisme et à sa transformation. Cependant, la situation peut changer à cet égard.

Lénine (1870-1924)

Dans l'autre versant de la tradition, cette fois révolutionnaire radicale, c'est la personnalité de Lénine (de son vrai nom Vladimir Ilitch Oulianov) qui s'impose le plus clairement. Lénine se fait d'abord connaître avec son livre *Que faire ?* (1902) qui expose une théorie du combat révolutionnaire prolétarien mené par un parti de type nouveau, constitué de révolutionnaires professionnels entièrement voués à cette tâche. Mais il se rend véritablement célèbre par son rôle d'organisateur des forces révolutionnaires lors de la révolution d'Octobre en 1917 (novembre de notre calendrier). Dans les mois qui suivent, c'est lui qui fait adopter les principales mesures du nouveau régime. Il freine pourtant le mouvement en instituant en 1921 la Nouvelle Politique Économique ou NEP – qui correspond à un certain rétablissement du capitalisme –, mais il ne cesse de mener jusqu'à sa mort le combat contre le révisionnisme :

contre le « renégat Kautsky » en Allemagne, puis contre le gauchisme et la bureaucratie. Malade depuis longtemps, il meurt en laissant sa succession ouverte : elle échut à Staline dont il redoutait, on le lit dans son fameux document dit « testament », le tempérament brutal.

Politique et économie

Lénine est influencé par la tradition révolutionnaire russe du XIXe siècle, depuis les décabristes au moins (1825).

 Décabristes : nobles et officiers russes qui se réunissaient en sociétés secrètes afin de fomenter une révolte militaire contre le régime tsariste. Leur but était d'instituer un régime constitutionnel avec à sa tête Constantin Pavlovitch.

Il reçoit également l'héritage de Marx, d'abord comme une théorie de la stricte dépendance du développement historique par rapport à l'économie, selon un schéma déterminé de l'évolution de l'économie même. Se plaçant sur le terrain de ses adversaires économistes, il s'efforce de montrer que la Russie, qui est loin d'être un pays capitaliste industriel avancé et dont l'économie est encore celle d'un pays agraire, est néanmoins mûre pour la révolution. L'évolution de ce monde agraire entraîne la décomposition de la paysannerie en deux classes hostiles, à la manière dont Marx concevait la situation de la bourgeoisie et du prolétariat. C'est ce qu'il cherche à montrer dans le *Développement du capitalisme en Russie*, écrit durant son exil et publié en 1899. Mais Lénine se présente ensuite surtout comme le défenseur et le promoteur de la lutte politique, subordonnant la situation économique et l'impérialisme à la structure politique de son temps. Il croit au progrès de la démocratie dans la conscience des hommes, se préoccupant moins du progrès économique. Il tend désormais à combattre le déterminisme qui conduit au refus de l'action politique et à l'affadissement du mouvement révolutionnaire :

> *De ce que les intérêts économiques jouent un rôle décisif, il ne s'ensuit nullement que la lutte économique (professionnelle) soit d'un intérêt primordial, car les intérêts essentiels des classes ne peuvent être*

satisfaits que par les transformations politiques fondamentales, en particulier l'intérêt économique capital du prolétariat ne peut être satisfait que par la révolution politique remplaçant la dictature de la bourgeoisie par celle du prolétariat.[58]

■ Le parti élitiste de Lénine

Le nouveau parti dessiné par Lénine se dresse ainsi en contrepoint de la lutte purement économique. La théorie est décisive dans la lutte car elle doit éclairer l'action : « Seul un parti dirigé par une théorie d'avant-garde peut jouer le rôle d'un combattant d'avant-garde »[59]. La conscience politique et l'idéologie doivent donc primer sur l'action, contrairement aux théories classiques du marxisme. Le parti doit représenter une élite d'hommes convaincus, formés idéologiquement et initiés aux techniques d'organisation des masses : ce sont des révolutionnaires professionnels initiés à la lutte contre la police. L'organisation est peu démocratique mais soudée par un lien de redoutable fraternité :

Le seul principe d'organisation pour les militants de notre mouvement doit être : secret rigoureux, triage minutieux des membres, préparation des révolutionnaires professionnels. Avec ces qualités, nous aurons quelque chose de plus que la démocratie : une confiance fraternelle complète entre révolutionnaires [...] Ces derniers n'ont pas le temps de songer aux formes extérieures de la démocratie [...] mais ils sentent très vivement leur responsabilité, sachant d'ailleurs, par expérience, que pour se débarrasser d'un membre indigne, une organisation de révolutionnaires véritables ne reculera devant aucun moyen.[60]

■ La réhabilitation de l'État

Quelles sont les différentes conceptions de Lénine par rapport à l'État ? Dans *L'État et la Révolution*, composé avant les événements de l'automne 1917, Lénine est encore fidèle à la perspective d'une dictature du prolétariat qui prendrait fin, si l'on veut, à partir de son commencement. Mais il rencontre quelques difficultés lorsqu'il s'agit de préciser la manière dont cette dictature doit s'établir et s'éteindre aussitôt. La solution est l'apparition d'un « homme nouveau » dont le comportement serait profondément social. Il ne démentira ni ne reniera jamais ces points de vue. Cependant, lorsque la révolution fut achevée, il ne manqua pas d'affirmer que le maintien de l'État est nécessaire pour l'instauration du socialisme. Et il en prit davantage conscience lorsqu'il admit la possibilité de l'instauration du socialisme dans un seul pays malgré l'échec provisoire de la révolution mondiale, objet de ses aspirations. Il était convaincu, depuis le début du siècle, de la nécessité d'organiser la masse ouvrière inorganique et de lui apporter le supplément de conscience qui lui manquait, de confier son sort aux mains du parti des professionnels de la révolution. Ainsi, les superstructures (certaines au moins, en particulier l'idéologie révolutionnaire et l'État) reprenaient des droits beaucoup plus étendus que ceux qui leur avaient été conférés par le marxisme déterministe traditionnel de la fin du XIXe siècle. Staline continuera dans la même voie.

Trotski (1879-1940)

Un personnage clé de la révolution

Trotski naît en 1879, à Ianovka près de Kherson. Pas plus que Lénine n'était Lénine à la naissance, Trotski n'était Trotski au berceau. Lénine devint Lénine pour avoir été déporté sur les bords du fleuve Léna en Sibérie. Trotski devint Trotski en inscrivant sur un faux passeport, qui lui avait été fourni par la social-démocratie pour s'enfuir en 1902 d'un premier exil sibérien, le nom du surveillant en chef de la prison d'Odessa où il était passé ! Il faut imputer la révolution russe à Lénine mais aussi à Trotski, car son rôle fut essentiel pendant les journées d'octobre puis lors de la guerre civile qui suivit. En effet, Trotski constitua et dirigea l'Armée rouge, finalement victorieuse. Il exerça aussi de grandes responsabilités dans le ravitaillement pendant la famine et dans l'organisation de l'économie. Toutefois, il sera condamné pour activité contre-révolutionnaire en 1927 (pour son opposition de gauche ouverte et déclarée). Déporté en Sibérie puis exilé à l'étranger, il vivra comme un proscrit à Istanbul, en plusieurs lieux de France, en Norvège et finalement au Mexique où il sera assassiné sur ordre de Staline en 1940 (une première tentative avait échoué, la seconde fut fatale). En 1911, il accepte l'idée du parti centralisé de Lénine. Mais Trotski, d'abord menchevik, devient bolchevik seulement en 1917.

Mencheviks : les mencheviks sont les membres « minoritaires », au sens strict, du Parti social-démocrate russe au début du XXe siècle. Leur cheval de bataille est le processus révolutionnaire, par opposition aux **bolcheviks**, « majoritaires » et représentés par Lénine, qui préconisent un parti centralisé.

Il fut aussi dur, radical et sans pitié que Lénine et Staline ensuite, et fut même parfois plus révolutionnaire que Lénine : il fut favorable, par exemple, à la guerre révolutionnaire à un moment où Lénine était partisan d'arrangements pour la paix. Il usa de l'expression « révolution permanente » pour mettre en garde contre tout relâchement ou accomodement du mouvement révolutionnaire, mouvement qui devait être mondial et sans concessions, même s'il savait que ce mouvement pouvait provisoirement être défait pour être repris par la suite.

Il ne crut jamais, à l'opposé de Staline et de Lénine, que le mouvement révolutionnaire pourrait être préservé dans un seul pays. Mais il prit vite conscience que Staline instaurait sous cette appellation tout autre chose que le socialisme, à savoir une dictature au sens le plus banal du terme, et que ceci ne pouvait conduire qu'au rétablissement du capitalisme même. (Staline a mené une politique d'alliance avec les Occidentaux capitalistes pour se protéger d'Hitler avant de s'allier à celui-ci de manière non moins opportuniste).

La révolution permanente : révolution sans concession, sans coup de frein, qui ne s'occupe pas des événements du passé. Trotski était persuadé que Marx concevait la révolution de cette façon et doutait que cette conception fut léniniste. Il s'en est emparé lui-même pour son propre compte, malgré ses antécédents mencheviks.

■ Un ennemi avéré de la bureaucratie

Le capitalisme, c'est-à-dire la domination par les propriétaires du capital, était pour lui le système ennemi par excellence. Trotski eut très tôt le sentiment du danger de la bureaucratie qui se caractérise par l'incurie, l'irresponsabilité, la négligence et souvent l'absence de compétence (il vit la bureaucratie à l'œuvre dans l'armée qu'il dirigeait d'abord). Il opposait à la bureaucratie la technique, l'industrialisation, la collectivisation et la planification.

Au temps de Staline (dès 1923), il eut le sentiment d'une bureaucratisation encore plus redoutable dans le parti : un appareil parasitaire s'y installait, ce qui donna lieu au « Thermidor », c'est-à-dire à la « révolution trahie », selon le titre de l'un de ses plus importants ouvrages.

> *Les portes du parti, toujours bien gardées, s'ouvrirent à tous : les ouvriers, les employés, les fonctionnaires s'y engouffrèrent en masse. Politiquement, il s'agissait de résorber l'avant-garde révolutionnaire dans un matériel humain dépourvu d'expérience et de personnalité, mais accoutumé à obéir aux chefs. Ce dessein réussit. En libérant la bureaucratie du contrôle de l'avant-garde prolétarienne, la promotion de Lénine porta un coup mortel au parti de Lénine. Les bureaux avaient conquis l'indépendance qui leur était nécessaire. La centralisation démocratique fit place à la centralisation bureaucratique. L'obéissance devint la principale vertu du bolchevik. Sous le drapeau de la lutte contre l'opposition, on se mit à remplacer les révolutionnaires par des fonctionnaires.*[61]

On a affaire ici à l'État ouvrier dégénéré, remplacé par une caste bureaucratique imposante qui accédera un jour à la propriété privée. Pour lui, aucune compromission avec les démocraties capitalistes n'était possible, et tout cela s'avéra juste car, aussitôt après la mort de Lénine, la bureaucratie commença la campagne de recrutement de la « promotion Lénine », toute soumise au pouvoir.

> **Le trotskisme aujourd'hui**
>
> Le trotskisme d'aujourd'hui perdure dans de nombreuses petites formations politiques et s'inscrit globalement dans la lignée de Trotski. On peut d'ailleurs lui reprocher d'être criard, comme on l'a souvent reproché à Trotski. Il se caractérise par le radicalisme et par un idéalisme déjà présent dans la pensée de Trotski, bien que celle-ci fasse preuve, simultanément, d'un grand réalisme, au sens de la *Realpolitik* peu regardante sur les moyens. Au plan idéologique, la pensée trotskiste est aujourd'hui représentée en France par Daniel Bensaïd et son *Marx l'intempestif*.

Staline (1879-1953)

Staline, dont le patronyme d'origine géorgienne est Iossif Vissarionovitch Djougachvili, est un ancien élève du séminaire orthodoxe de Tiflis et le fils d'une mère très pieuse. Membre du Parti social-démocrate depuis 1899, il participe aussi, fut-ce en position moins éminente, à l'insurrection armée d'octobre et à la guerre civile. Il devient secrétaire général du Comité central du parti en 1922 et bientôt maître absolu de l'URSS.

La dictature stalinienne

Il s'engage tout de suite pour l' édification du socialisme dans un seul pays, collectivise de force l'agriculture (1929-1930), lance une industrialisation à marche forcée et déclenche de terribles purges que l'histoire n'oubliera pas (1936-1938). Puis Staline est « généralissime » et président du Comité d'État à la défense après l'invasion des troupes allemandes en 1941. Il est l'un des vainqueurs au sortir de la Seconde Guerre mondiale. Il impose alors le régime communiste aux pays d'Europe orientale conquis militairement par l'Armée rouge, et entre bientôt dans une politique de « guerre froide » avec l'Occident, période pendant laquelle il continue de promouvoir le communisme qu'il avait laissé de côté durant les années de la guerre.

Dans les dernières années de sa vie, il fait l'objet d'un culte de la personnalité extrême ; il vit en même temps dans une méfiance maladive qui sera à la source de ses nombreuses persécutions, contre les juifs notamment (il meurt au beau milieu de telles menées contre des médecins juifs).

■ Les apports idéologiques

Ce personnage politique considérable, coupable de crimes par millions, n'est pas un intellectuel. Toutefois, il est amené, au sein d'un régime marqué par la gestion idéologique, à prendre un certain nombre de positions significatives touchant l'interprétation et le développement du marxisme.

Superstructure et infrastructure

Staline va d'abord accentuer fortement les traits de Lénine et va choisir d'abandonner la dialectique historique au bénéfice d'un volontarisme caractérisé, ce qui aboutira, *in fine*, à l'abandon pur et simple du marxisme. Les superstructures deviennent chez lui (vers la fin de sa vie surtout) presque indépendantes des infrastructures.

 Superstructure : chez Marx, la superstructure représente toutes les institutions humaines (lois, idées, croyances, etc.) relatives à la conscience sociale ; elle est entièrement subordonnée à la structure ou « base » économique, c'est-à-dire **l'infrastructure** ou source non visible de la superstructure.

Tandis que Marx concevait la nécessité des lois de développement du capitalisme de façon analogue aux lois naturelles, Staline parle au contraire de « loi économique fondamentale du socialisme »[62] en un sens entièrement normatif : c'est l'énoncé d'une tâche, d'une entreprise, d'un programme. Cette loi, c'est le devoir d'« assurer au maximum la satisfaction des besoins matériels et culturels sans cesse accrus de la société, en augmentant et perfectionnant constamment la production socialiste sur la base d'une technique supérieure »[63]. Si une superstructure se montre indifférente à l'égard de sa base, si elle n'est pas active, elle cesse d'être une superstructure.

On voit combien il s'agissait d'appuyer l'initiative du parti et de l'État, à l'encontre de toute vue moins activiste ou volontariste. On peut remarquer aussi que dans le texte « Matérialisme dialectique et matérialisme historique » de la *Petite histoire du Parti communiste bolchevik* (1937), Staline, tout en maintenant l'idée de détermination des superstructures par les infrastructures, poursuit la transformation entreprise par

Lénine en insistant sur le rôle de la théorie, du facteur conscient, et sur la réciprocité d'influence entre le développement de la base économique et l'évolution des superstructures. On s'éloigne de la perception qu'avait eue Marx du rôle vraiment déterminant de l'économie et du rôle déterminant des forces de production matérielle. Il faut plutôt dire que la forme stalinienne du marxisme est celle d'une idéologie conçue d'en haut, dominant absolument toute la politique : c'est la forme canonique des régimes comme des partis communistes dans la période postérieure à la Seconde Guerre mondiale jusqu'en 1970-1980, lorsque apparurent les premières fissures et, avec elles, une certaine liberté de pensée.

La superstructure est engendrée par la base, mais cela ne veut point dire qu'elle se borne à refléter la base, qu'elle soit passive, neutre, se montre indifférente au sort de sa base, au sort des classes, au caractère du régime. Bien au contraire, une fois venue au monde, elle devient une force active immense, elle aide activement sa base à prendre corps et à s'affirmer ; elle ne néglige rien pour aider le nouveau régime à achever la destruction de la vieille base et des vieilles classes et à les liquider.[64]

Mao Zedong (ou Mao Tse Toung) (1893-1976)

■ La révolution selon Mao

La guerre révolutionnaire

Très tôt rallié dans sa jeunesse à la cause républicaine, le « Grand timonier » rejoint l'armée révolutionnaire en 1911-1912. Assistant bibliothécaire à l'Université de Pékin, il rencontre la théorie marxiste et y adhère. Il contribue à la fondation du Parti communiste chinois puis siège au bureau exécutif du Guomindang de Shanghai, lors d'une première alliance entre les mouvements nationaliste et communiste.

Il rejoint bientôt le Hunan où il est témoin du soulèvement des paysans ; c'est là qu'il prend conscience du rôle que peut jouer la paysannerie dans le mouvement révolutionnaire – en Chine en tout cas –, à la différence de la plupart des marxistes en Occident depuis Marx. Mao publie l'*Analyse des classes de la société chinoise* en 1926, puis le *Rapport d'enquête sur le mouvement paysan du Hunan* en 1927.

Connaissant ensuite de cuisants échecs, il crée dans les montagnes lointaines de l'Ouest une base indépendante, territoire où il applique la réforme agraire et organise le pouvoir révolutionnaire. Un peu plus tard, il doit à nouveau se déplacer et est contraint de fuir vers le Nord-Ouest : c'est la fameuse Longue Marche au cours de laquelle il rallie les paysans de plusieurs régions. C'est ainsi qu'il élabore les règles de la guerre révolutionnaire qui contribueront à sa notoriété.

Puis il se retrouve à nouveau dans une alliance avec le Guomindang pour lutter contre les Japonais. Pendant cette période, il écrit *Problèmes stratégiques de la guerre révolutionnaire en Chine* (1936), *De la guerre prolongée* (1938) et *Problèmes stratégiques de la guerre des partisans contre le Japon* (la même année). Mais après la fin de la guerre contre le Japon, les hostilités reprennent entre nationalistes et communistes. Finalement, l'Armée populaire de libération l'emporte et Mao peut proclamer la République populaire de Chine à Pékin le 1er octobre 1949.

La révolution socialiste

À plusieurs reprises, Mao cherche à accélérer la révolution socialiste par des campagnes insolites : ainsi en est-il des Cent Fleurs (1956-1957), du Grand Bond en Avant (1957-1958) et de la Révolution culturelle prolétarienne (1965-1968). Dans cette dernière campagne, la jeunesse est organisée en « Gardes rouges » associés à la « Bande des Quatre ». Il faudra attendre 1972 pour que Mao reconnaisse la nécessité d'un apaisement et donne sa confiance à Zhou Enlai, se trouvant par là même en conflit avec son épouse Jiang Qing à la tête de la Bande des Quatre.

Atteint de la maladie de Parkinson depuis 1974, Mao ne participe plus à la vie politique et meurt le 9 septembre 1976. C'est Deng Xiaoping qui marquera ensuite le nouveau tournant, le pays, officiellement communiste, se reconstruisant dans une direction fort différente quant à l'organisation de la vie économique (capitaliste, peut-on dire). Le communisme soviétique et le communisme chinois ont été séparés de 1960 à la fin de la carrière de Mao, alors qu'ils avaient été très unis auparavant.

La marque propre de Mao dans le marxisme, c'est sûrement d'abord la reconnaissance d'une révolution paysanne, avec les difficultés qu'un tel soulèvement implique. Mao connaît le point de vue de Marx : les forces productives sont peu socialisées dans le cas d'une paysannerie, les paysans étant couramment dispersés sur le territoire ; c'est bien plutôt le rassemblement des ouvriers dans de grandes usines qui rend possible les soulèvements en masse. Faute d'une force sociale révolutionnaire véritablement rassemblée, Mao compte beaucoup sur l'armée révolutionnaire pour faire la révolution (il y a là un prolongement de la pensée de Lénine davantage que de celle de Marx. Mao croit aussi aux partisans, si bien qu'il déclenche dans le monde entier une « culture des partisans »). Mao, poète chinois doté d'une vaste culture littéraire, va devenir un spécialiste notable des questions militaires, ce que n'avait jamais été ni Marx ni même Lénine (Staline est devenu chef militaire mais dans une guerre nationale, non dans une guerre révolutionnaire, ce qui n'est pas tout à fait la même chose).

■ Une pensée marxiste

On est donc loin de la prédominance du rôle historique de la classe prolétarienne (ouvrière) et d'un parti réunissant la meilleure part de cette classe dont parlait le *Manifeste du Parti communiste* de Marx et Engels. La source essentielle de la pensée de Mao est pourtant bien une pensée marxiste, de nuance surtout léniniste. Les textes philosophiques *De la pratique* et *De la contradiction*, écrits en 1937 (publiés en 1950 et 1952) en témoignent. Mao a même un jour critiqué Engels, bien qu'il fût passionné par la dialectique de la nature procédant par rythmes :

> *Engels a parlé de passer du royaume de la nécessité à celui de la liberté, et il a dit que la liberté est la compréhension de la nécessité. Cette formule est incomplète : elle ne dit que la moitié des choses et elle laisse non-dit le reste. Est-ce que de simplement comprendre, cela vous rend libre ? La liberté est la compréhension de la nécessité et la transformation de la nécessité.*[65]

Mao a rejeté de même le principe de la « négation de la négation » cher à Engels, et dit ne vouloir retenir qu'un seul principe : « une seule loi fondamentale, et c'est la loi de la contradiction ».[66]

La contradiction est essentielle

Mao eut aussi l'occasion de discuter un fameux *Manuel d'Économie politique* publié par l'Académie des Sciences en URSS en 1954. Le *Manuel* parlait d'interaction entre les rapports de production et les forces de production dans le monde socialiste – à la différence du monde capitaliste où il y a contradiction menant à la révolution. Mao affirme que cela est critiquable ; il pense qu'il y a toujours de vraies contradictions. Il estime aussi que bien des contradictions font que les hommes deviennent de vrais ennemis entre eux. Selon lui, tous les groupes sociaux qui s'opposent à la révolution socialiste sont les ennemis du peuple. Puis, dans un autre texte important intitulé *De la juste solution des contradictions au sein du peuple* (1957) (après le rapport secret de Khrouchtchev), Mao est à nouveau méfiant à l'endroit de tout affadissement du principe de contradiction et critique l'attitude plus ouverte du Parti communiste chinois en 1956 ainsi que les effets de la déstalinisation en Hongrie. Ce sera toujours sa conviction idéologique essentielle.

■ La contradiction dans l'œuvre de Mao

Un grand nombre de textes de Mao font valoir des principes de complémentarité entre les opposés et l'unification des contraires, de nuance taoïste ou même confucéenne (on songe même au yin et au yang). Le plus significatif n'en demeure pas moins la réaction de Mao dans les moments critiques, revenant chaque fois à la force de la contradiction, de l'opposition, de la négation, à la préservation de la dialectique. Propos souvent abstraits mais qui constituèrent chaque fois son drapeau. Cette attitude fut essentielle au marxisme de la Chine maoïste. Qui sait si elle est pleinement dépassée aujourd'hui ? Peut-être pas, lorsque l'on voit le PCC chercher à réactiver, en 2006, la connaissance du marxisme. Mais il y a également des signes contraires, signifiant que l'histoire a désormais dépassé Mao.

Conclusion

Même si les grandes figures de ce chapitre sont bien différentes des philosophes – indépendants – dont nous avons parlé précédemment, ce furent véritablement des hommes de pensée politique, aux prises avec les problèmes laissés par la théorie marxiste. Certains d'entre eux, comme Bernstein, réduisent presque l'héritage de Marx à une spéculation sur la transformation démocratique. D'autres, comme Lénine, Staline ou Trotski durcissent au contraire le front révolutionnaire. Il en résulte un courant de « volontarisme » qui exténue la théorie de l'évolution économique de l'humanité, placée par Marx au centre de tout. Et il en va de même dans le cas de Mao Zedong, fut-ce dans le contexte très différent de la Chine paysanne.

Chapitre 7

L'Union soviétique

L'Union soviétique et la pensée de Marx

L'Union soviétique communiste

On l'a vu avec Lénine, Staline, Trotski et Mao Zedong, le marxisme a été, dans les temps récents, un champ de pensée aux variantes diverses, mais il s'est traduit aussi, soixante-quatorze ans durant, par une réalisation historique majeure dont les hommes se souviendront longtemps : l'Union soviétique (Union des Républiques Socialistes Soviétiques, URSS). Pendant la seconde moitié du XXe siècle, celle-ci s'est élevée au rang de l'une des deux grandes puissances qui se combattirent à partir de 1950 pendant la Guerre froide, caractérisée par le rôle déterminant de l'idéologie puis par le monopole sans limite de l'État sur les moyens de production. Les terres, si elles n'étaient pas sous propriété étatique (dans les *sovkhozes*) étaient sous gestion collective (dans les *kolkhozes*), bien que sous contrôle dernier de l'État.

 Sovkhozes et kolkhozes : Le sovkhoze est une entreprise agricole d'État, « soviétique » en ce sens. Le kolkhoze est une entreprise collective – d'où les premières lettres, *kol...* –, officiellement coopérative : la terre, bien que propriété ultime de l'État, était concédée de manière stable au groupe des kolkhoziens. Les kolkhozes et les sovkhozes constituaient ainsi la totalité de l'agriculture soviétique.

Trait plus original encore, l'Union soviétique se présenta au monde, au début du moins, non pas comme un État parmi les États, mais comme le noyau de la nouvelle humanité (communiste) en voie de rassemblement.

L'Union soviétique ne portait d'ailleurs pas de nom géographique particulier, elle se voulait l'union de tous les hommes et de tous les peuples se gouvernant au moyen de *soviets*, c'est-à-dire de « conseils », d'où le nom « Union soviétique ».

Les divergences entre l'Union soviétique et le marxisme

Il existe des différences non négligeables entre l'Union soviétique et la pensée de Marx. D'abord, quant à la propriété étatique des moyens de production, devenue la clé de voûte du régime soviétique et, plus généralement, des programmes communistes, à l'encontre desquels les spécialistes de Marx rappellent sa critique du « capitaliste général » (*der allgemeine Capitalist*) qui repose sur l'idée de communauté à laquelle les premiers communistes voulaient remettre tous les biens de production. Aux yeux de Marx, ce communisme était une simple généralisation de la propriété privée avec toutes ses perversités, c'est pourquoi il recommandait pour l'heure de la révolution la mise des biens de production, des transports, des ressources naturelles et des finances sous le contrôle de l'État, mais cette structure devait être temporaire et devait rapidement aboutir à une organisation où les travailleurs associés contrôleraient eux-mêmes les biens de production. Or, l'Union soviétique a fait de la mesure provisoire un idéal définitif, présenté d'ailleurs comme « humaniste ».

■ Le monopole d'un parti unique de style soviétique

Le grand événement de 1989-1991, en lien avec l'abandon d'une organisation économique et sociale en piètre état à laquelle on en substitua une autre, fut d'autre part surtout l'abolition d'un régime où le parti avait un monopole non justifié. Dans sa philosophie de l'histoire, Marx avait bien prévu pour la révolution le rôle d'un parti, mais il s'agissait de celui de la classe ouvrière. Or, on était loin de cela en Union soviétique où les choses n'avaient d'ailleurs pas commencé de façon démocratique mais par un coup d'État, effectué par une formation minoritaire (minoritaire bien qu'ils s'appelaient les *bolcheviks*, c'est-à-dire les

« majoritaires », cette appellation se référant en réalité à un vote particulier dans un congrès spécifique à Londres, en 1904). La grande transformation de 1989-1991 consista dans la suppression du monopole du parti. Il y eu deux décisions successives dans chacun des partis concernés : en premier lieu, une *réforme des statuts du parti* (nommé généralement « communiste » mais « ouvrier » en Pologne), où l'on faisait disparaître l'article suivant lequel le parti avait, en vertu d'une interprétation de la thèse de Marx sur l'histoire, le droit de diriger la société ; en second lieu, la *réforme de la Constitution de l'État* qui reconnaissait également le rôle d'ordonnateur du parti communiste. Eu égard à l'article sur ce rôle du parti, ses instances (le Secrétariat général du parti, son Comité central et son Plénum) étaient les classes dirigeantes dernières et quasi toutes-puissantes de l'État. Le vrai chef de l'État était le Secrétaire général du parti. Or Marx n'avait pas vraiment envisagé cela...

■ Une connaissance partielle de l'œuvre de Marx

Il faut encore remarquer que la pensée soviétique, voire toute pensée communiste traditionnelle, s'est formée à une époque où l'on ignorait les écrits de jeunesse de Marx qui manifestent une pensée bien plus effervescente que le produit solidifié connu par la suite. Il s'agit certes d'écrits restés à l'état de manuscrits, mais ils éclairent sans doute plus que les écrits postérieurs sur les divers aspects de la pensée de Marx. Le jour où furent publiés les *Manuscrits de 1844* (entre 1932 et 1935), les autorités de l'Union soviétique se trouvèrent mal à l'aise. Tout communiste fidèle à Moscou chercha à les ignorer, y compris en France (on le voit avec Roger Garaudy dans la thèse de doctorat qu'il soutint à Moscou, mais aussi avec Louis Althusser qui s'efforça de montrer que les écrits de jeunesse avaient été rejetés par Marx lui-même). En Union soviétique, Riazanov, le chef de file de ceux qui publièrent et firent connaître les *Manuscrits de 1844*, fut d'abord écarté de l'entreprise de publication des *Œuvres complètes* de Marx et Engels, probablement en raison de son esprit indépendant ; il fut condamné et finalement fusillé en 1938.

> **L'Union soviétique ne serait rien sans Marx**
>
> La disparité entre les premiers écrits de Marx (restés inconnus ou cachés) et le communisme d'Union soviétique constitue l'un des facteurs de la divergence entre le système théorique de Marx et le communisme pratiqué dans les différentes nations. Mais il convient de rappeler que la structure d'ensemble de la pensée soviétique, voire du communisme tel qu'il a historiquement existé, dérivait pourtant de Marx : ce n'était pas une invention indépendante, comme on tendrait quelquefois à le faire croire aujourd'hui. Tout d'abord, le noyau de la philosophie de l'histoire caractéristique de toute cette vision du monde provient de Marx. De même, le communisme est subordonné à l'analyse de l'économie capitaliste de Marx, même si globalement le communisme a conçu comme définitif un remède, à savoir l'étatisation des moyens de production, qui n'était que provisoire chez Marx. En revanche, le communisme soviétique semble ne pas avoir hérité de la vision marxiste de la politique : on ne détecte pas chez lui la méfiance typique de Marx à l'endroit de l'État. Sous les noms de « matérialisme historique » et de « matérialisme dialectique » (*diamat* en langue soviétique), le communisme a largement exploité la philosophie marxiste. Le système de l'Union soviétique mérite donc bien d'être incorporé à la pensée marxiste.

Une nouvelle société humaine

Malgré tout, la nouvelle société issue de la révolution d'Octobre, destinée en principe à devenir coextensive à l'humanité entière, ne trouvait plus sa place dans la communauté traditionnelle des États et dans son droit dit « international »[67]. On peut d'ailleurs selon Marx, refuser à l'État en général la qualité intrinsèque de sujet ou de personne. Une telle prétention n'est qu'une abstraction puisqu'il n'existe rien de vraiment commun entre les hommes à ce niveau : l'État ne peut être, en termes marxistes, qu'un instrument de domination d'une classe sur une autre. On ne peut donc lui reconnaître une véritable souveraineté. D'autre part, il n'y avait pas de continuité entre l'État russe d'autrefois et la nouvelle entité issue de la Révolution ; il n'y avait donc aucune obligation de payer les dettes du gouvernement du Tsar, des propriétaires terriens ou des banquiers qui constituent autant d'étrangers aux yeux de l'Union soviétique. Mais on était surtout dans la phase de la dictature de la classe prolétarienne, en théorie universelle et souveraine en un sens très nouveau. Le prolétariat russe, premier à avoir accompli la révolution, jouissait du droit le plus strict de s'adresser aux classes prolétariennes du reste du monde par-dessus la tête de leurs gouvernements, c'est-à-dire des classes dominantes de leurs pays. Ce sont elles que Trotski avait invitées en décembre 1917 pour terminer la guerre, prérogative traditionnelle des gouvernements.

L'Union soviétique n'est pas un État parmi les États

La nouvelle entité « État soviétique », malgré l'incongruité du mot « État », avait-elle besoin de reconnaissance internationale ? En droit international traditionnel, c'était la procédure normale entre démocraties bourgeoises. À cette époque il est vrai, le droit international ne tirait aucune conséquence des changements d'ordre interne d'un État ; en ce sens, le remplacement du gouvernement Kerenski par celui de Lénine ne devait entraîner le besoin d'aucune reconnaissance. Mais si l'Union soviétique n'en avait pas besoin, c'est bien plus parce qu'elle n'était pas un État de l'espèce traditionnelle mais tout autre chose. Elle ne pouvait pas non plus entrer dans des arrangements d'arbitrage international au sens traditionnel. À ce propos, Litvinov, le premier représentant diplomatique soviétique, avait déclaré dans un discours à La Haye en 1918 :

Il n'y a pas un monde, mais deux, le soviétique et le non soviétique, en un sens le russe et le non russe. La condition minimum nécessaire pour qu'il y ait un arbitrage est qu'il existe une communauté de concepts juridiques et de critères normatifs. Or, il n'existe pas aujourd'hui de telles communautés. Tout effort pour trouver une tierce autorité pour agir entre les deux moitiés de l'humanité parlant des langages différents est donc a priori voué à l'échec.

Pouvait-on réunir l'Union soviétique et les États dans une quelconque organisation commune internationale ou interétatique, comme la Société des Nations ? Cela était douteux à l'époque.

Les frontières

La question de la frontière commençait aussi à changer de nature : elle perdait une grande partie de sa signification avec l'apparition de la nouvelle entité. Le *statu quo* territorial n'est donc plus un principe. Cela ne signifiait pas que l'on se propose d'effectuer des annexions mais, comme l'avait dit Lénine, « toute réunion de territoire étranger n'est pas comme telle une annexion [...], pas même toute réunion accomplie par la guerre et la force quand les intérêts de la majorité de la population sont en cause »[68].

▪ Une citoyenneté mondiale de classes

Dégagée de ses formalités complexes, la nationalité peut désormais être obtenue pour quiconque fait partie de la classe des ouvriers et des paysans. La constitution de la République Fédérative Socialiste Soviétique de Russie déclare en 1925 :

> La République Fédérative Socialiste Soviétique, se fondant sur la solidarité des travailleurs de toutes les nations, octroie les droits politiques aux étrangers qui travaillent sur son territoire et appartiennent à la classe ouvrière, de même qu'aux fermiers qui ne vivent pas du travail d'autrui [...], une sorte de citoyenneté mondiale de classe qui ne prend toutefois effet que le jour où l'État de référence d'un individu adopte le régime socialiste.

▪ Une période de transition

S'il y a encore un droit international, c'est le droit international de la période de transition, de contenu limité. Il n'y a pas de communauté intellectuelle entre les pays socialistes et les pays bourgeois, mais seulement la possibilité d'une communauté partielle fondée sur la reconnaissance des valeurs d'intérêt général humain, permettant un certain degré de coopération ordonnée. De véritables accords ne sont pas possibles, bien que des compromis le soient : cela fait partie du droit international de la période de transition. Au terme de la transition en cours, il n'y aura plus de droit international au sens strict mais un droit intersoviétique qui aura la nature d'un droit interne. Cet exemple montre bien la prétention originale et radicale dans laquelle on cherchait à s'engouffrer dans l'Union soviétique des premières années.

Un changement radical avec Staline

Les choses changent et on s'éloigne de l'atmosphère de ces origines quand Staline s'engage résolument vers la construction du socialisme dans un seul pays (Lénine s'était déjà résigné à cette limite, par opposition à Trotski). Au plan du droit international même, on sent bientôt, au moins au début des années 30, combien les conceptions affichées dans les années 20 risquent de nuire à l'Union soviétique qui a besoin de l'aide de divers États de statut traditionnel pour l'industrialisation rapide dans laquelle elle s'est engagée. Pachoukanis, un juriste converti à la nouvelle situation, estime qu'il est dangereux de parler de compromis à la place d'accords véritables, de même qu'il est dangereux de parler d'un droit international de transition, c'est-à-dire provisoire. Pour cet auteur, les formes juridiques doivent être universelles. Mais l'homme clé dans la constitution du droit international soviétique est le puissant Vychinski, procureur dans les grands procès des purges de 1936 à 1938. Avec lui, on continue de dire que les États n'ont que peu de choses en commun, mais on ne conteste plus l'idée d'un État parmi d'autres. À ce moment, Staline s'occupe de chercher des alliances avec les démocraties d'Occident et leurs bourgeoisies nationales, puis avec le IIIe Reich allemand.

Histoire de l'Union soviétique

Première étape : Lénine

L'histoire de l'Union soviétique commence avec Lénine, avant que Staline ne prenne les choses en mains et expulse Trotski en 1929 : on espère l'institution de la société communiste. Mais cette période d'enthousiasme est aussi celle de la guerre civile, de la première famine et celle du communisme de guerre, qui précède la NEP (Nouvelle politique économique) pendant laquelle on sembla rebrousser chemin.

Le grand tournant : 1929-1933

La NEP, période intermédiaire, dura de 1921 jusqu'à 1928. Entre 1929 et 1933, on assiste au grand tournant avec un Staline devenu très puissant, solidement installé au pouvoir. Trotski nous dit que la bureaucratie l'a emporté sur les masses. C'est aussi le temps d'une véritable fuite en avant : l'on décide de passer immédiatement à la collectivisation de l'agriculture et d'étendre la transformation aux grandes régions dès l'automne 1930, au plus tard pour le printemps 1931. Bien que la collectivisation ait pris plus de temps que prévu, elle avance avec une incroyable rapidité et une extraordinaire violence.

L'industrialisation s'accompagne des plans quinquennaux. Au congrès du parti de 1930, on proclame : « Le plan (de 5 ans) en quatre ans ! ». Et l'on estime qu'il faut multiplier chaque année par deux les investissements en capital et faire croître la production annuelle de 30 %. Mais comme on fait entrer dans le monde de l'usine une grande masse de main-d'œuvre d'origine rurale (illettrée le plus souvent), l'adaptation est très difficile et s'accompagne de maints phénomènes négatifs comme l'absentéisme, l'hooliganisme, la destruction des machines, une production défectueuse, la multiplication des accidents de travail, etc. Cela fut donc une très grande épreuve : quelle ouverture pour les années 30 !

Purges, procès et exécutions dans les années 30

Au congrès des vainqueurs (le XVIIe) en 1934, on s'applaudit mutuellement avec une apparente unanimité. Mais parmi les participants, il y a ceux qui veulent encore pousser la machine vers une super-industrialisation et ceux qui veulent la freiner. On commence à constater une rupture entre ce qui a été décidé et ce qui a été réalisé. On se met à chercher des coupables, découvrant des complots en chaîne qui, à partir de l'assassinat du grand leader Kirov en 1934, occuperont le devant de la scène jusqu'à la veille de la Seconde Guerre mondiale : ce furent les plus gigantesques purges d'un parti dans l'histoire.

> **Quelques chiffres**
> Selon les évaluations, 36 % des effectifs du parti de 1935 furent exclus entre 1934 et 1939. Le nombre de personnes détenues dans les prisons et les camps en 1939-1940 a été évalué, de manière très incertaine, entre 3,5 millions et 10 millions.

Le plus spectaculaire fut peut-être la condamnation puis l'exécution de Nicolas Boukharine, le favori légitime du parti, « notre Boukhartchik », selon le mot de Lénine, accusé d'avoir pris part au complot de 1918 qui avait failli coûter la vie de celui-ci. Les années 30 représentent la décennie la plus décisive de l'Union soviétique dans ce qu'elle aura été historiquement.

La grande guerre patriotique

La guerre est déclenchée par l'Allemagne le 22 juin 1941 à l'aube, dans l'incrédulité de Staline qui refuse d'ordonner les mesures de mise en alerte, de mobilisation et de transferts que réclament les chefs militaires. Vient alors l'effondrement puis l'accumulation des défaites jusqu'en 1943, où l'on assiste à un retournement de situation, à Stalingrad et à Koursk. En mai 1945, c'est la victoire à Berlin, au milieu des ruines. Pour les Russes comme pour nombre d'anciens Soviétiques, cette guerre reste « la grande guerre patriotique », célébrée avec faste bien des années plus tard. Les grands objectifs du communisme avaient largement disparu de l'horizon (et du vocabulaire) pendant la guerre. Toutes les références, celles de Staline y compris, étaient à la patrie, à la nation russe, à l'armée et à ses valeurs traditionnelles, mais aussi aux liens historiques avec les autres peuples. Un des aspects importants de l'évolution idéologique du régime pendant la guerre fut le rapprochement avec l'Église orthodoxe, tant persécutée dans les années 20 et 30. Le métropolite Serge, haut représentant de l'Église dans l'entre-deux-guerres, avait sans doute facilité les choses en donnant lui-même la bénédiction de l'Église, le 22 juin 1941, à la « défense des frontières sacrées de la patrie ». Les périodiques anti-religieux furent aussitôt supprimés et la Ligue des Sans-Dieu, fameuse organisation de propagande athée, fut dissoute. En 1943, les trois plus hauts dignitaires de l'Église orthodoxe furent reçus par Staline au Kremlin, occultant ainsi la rupture entre l'État et l'Église. Staline autorisa l'élection d'un nouveau patriarche au siège laissé vacant depuis 1924.

L'après-guerre

Le communisme reprit pourtant dans la période de l'après-guerre, sous une forme conquérante et très volontariste. Un intellectuel (ou plutôt un idéologue), Jdanov, est l'artisan principal de cette réhabilitation, luttant contre les influences de l'étranger, le décadentisme occidental, les aspirations métaphysiques, le particularisme anti-russe, l'individualisme petit-bourgeois, l'art pour l'art, etc. On parle alors de *Jdanovschina*, persécution considérable, comme il y avait eu une *Ejovschina* au temps des purges des années 30 (Ejov était le chef du NKVD, futur KGB). Le système concentrationnaire atteint son apogée après la guerre, de 1945 à la mort de Staline (1953). C'est aussi le temps de la constitution du système des démocraties populaires, satellites de l'Union soviétique dans toute l'Europe de l'Est, puissant complément à l'Union elle-même, avec des États aussi importants que la Pologne, la République Démocratique Allemande, la Tchécoslovaquie, la Hongrie et la Roumanie. Ce « bloc » est idéologiquement, militairement et commercialement uni. On se souvient du Pacte (militaire) de Varsovie et du Comecon, organisation économique de ce vaste ensemble.

 Pacte de Varsovie et Comecon : il s'agit de deux organisations essentielles du bloc. En vertu du Pacte de Varsovie, les États membres se devaient une assistance mutuelle quasi inconditionnée. Le Comecon est une coopération de spécialisation des diverses économies, en vue de l'obtention de résultats plus favorables à la situation économique de chaque pays du bloc.

Il ne manquera à la construction ainsi ambitionnée que la Yougoslavie de Tito qui échappera, pour sa part, à la domination de l'URSS.

La Guerre froide

Staline meurt en 1953 : on est depuis longtemps dans la Guerre froide et en particulier dans le « stalinisme conquérant » qui occupe encore l'après-guerre. La Guerre froide se déroule en plusieurs étapes.

■ Khrouchtchev (1953-1964)

La première phase est celle du « khrouchtévisme » (1953-1964). Khrouchtchev annonce l'achèvement de la construction du communisme auquel il n'a nullement renoncé et le « rattrapage » du niveau de production des États-Unis d'Amérique dès 1980. Il se lance aussi dans des entreprises volontaristes semblables à celles de Staline naguère, comme la catastrophique conquête des terres vierges en Sibérie méridionale. Mais il est en même temps l'homme du « dégel » international qui débouche sur la coexistence pacifique.

Coexistence pacifique : c'est la formule officielle de la politique internationale proposée par Khrouchtchev à ses adversaires. Les partenaires de la Guerre froide ne renoncent pas à une émulation, voire une rivalité, mais il est entendu que la Guerre froide peut se dérouler de manière pacifique, sans guerre.

Khrouchtchev est aussi l'homme d'une très fameuse « déstalinisation » qui a lieu au XXe congrès du parti qui s'ouvre au Kremlin le 14 février 1956, en présence de 1436 délégués : Khrouchtchev lit son fameux rapport secret à huis clos, devant les seuls Soviétiques, ce qui provoque un véritable séisme. Dans ce rapport, Khrouchtchev reconnaît que les modalités de l'édification du socialisme peuvent varier selon les conditions propres à chaque peuple ; au lieu de l'institution rigide et forcée d'un modèle soviétique exemplaire, il laisse la place à une pluralité de voies menant au socialisme. On sort aussi de l'industrialisme des plans quinquennaux d'hier, proclamant la nécessité d'un développement plus rapide de la production des biens de consommation et de la construction de logements. Mais Khrouchtchev est progressivement amené à freiner ses réformes. Son projet se délite et échoue sur plus d'un point : il est renvoyé le 15 octobre 1964. On annonce alors que « le Plénum du

Comité central a satisfait à sa demande d'être libéré de ses obligations de Premier Secrétaire du Comité central, de membre du Présidium du Comité central et de Président du conseil des ministres, en raison de son âge avancé et de l'aggravation de son état de santé. La *Pravda* rend toutefois publiques les critiques qui lui sont faites : « style personnel de direction, subjectivisme, initiatives désordonnées, précipitation, infantilisme, vantardise, phraséologie, ignorance des réalités, mépris des masses ». C'est le résultat d'un complot en règle qui a eu lieu les semaines précédentes. Khrouchtchev, malgré tout, ne fut pas tellement regretté...

 La *Pravda* : journal du parti communiste. L'article publié dans la *Pravda* au sujet des faiblesses de Khrouchtchev exprime en pratique les reproches adressés à son gouvernement, bien qu'on ait annoncé officiellement qu'il se retirait sans être l'objet d'aucun de ces reproches.

■ Brejnev (1964-1982)

Le régime ne reprend guère de souffle car l'éviction de Khrouchtchev témoignait déjà d'un certain refus de réforme par l'influence des conservateurs. On veut améliorer la consommation, ce qui suppose quelques réformes économiques mais sur fond de conservatisme politique. Le régime dure ainsi, soumis plus que jamais au pouvoir bureaucratique du parti. Une nouvelle constitution en 1977 insiste plus encore que les précédentes sur le rôle de direction du Parti communiste. On veut en même temps faire place aux organisations sociales, en quelque sorte démocratiser, tout en gardant le contrôle. Le régime entre en crise, en particulier dans le secteur de l'agriculture qui connaît de plus en plus de difficultés, ce qui oblige le gouvernement à acheter des produits alimentaires comme le blé à l'étranger. Cependant, une révolution sociale se prépare. On assiste en effet au ralentissement de la croissance démographique et, corrélativement, à la diminution des réserves de population active. En même temps, l'urbanisation contribue au développement d'une véritable opinion publique qui s'exprime dans toutes sortes de structures informelles (micro-univers avec leur micro-autonomie et leur contre-culture). Une contestation se développe peu à peu dans les milieux des minorités nationales, dans la communauté juive et même dans certaines communautés catholiques en Lituanie. Et, bien que les mécontentements soient plus souvent passifs qu'actifs, ils n'en sont pas moins de plus en plus perceptibles. Cela s'accentue sous Tchernenko (1984-1985), successeur du non moins éphémère Andropov (1982-1984). Quand disparaît Tchernenko, tout a été dit, inventé, testé pour ce régime. On est loin des triomphes des premiers plans quinquennaux ou de la victoire dans la guerre patriotique.

■ Gorbatchev (1985-1991)

Les grandes transformations

À beaucoup il semblait impensable qu'il y ait en URSS de vraies réformes. On croyait à l'existence d'une oligarchie de gérontes qui prétendaient mettre en œuvre le sens de l'histoire en possession du marxisme scientifique, et simultanément à la présence de quelques dissidents, opposants insensés incapables de réussir. Pourtant, il se produisit quelques réformes, surtout un changement d'atmosphère considérable. L'idée de *glasnost* (« transparence ») fut peut-être la plus productive. Elle libéra, dans tous les domaines de la vie culturelle, des forces longtemps contenues qui cherchaient depuis longtemps à se frayer un chemin. La parole du pouvoir cessa d'être l'expression d'une vérité scientifique irréfutable. Face à ce pouvoir, le mouvement de contestation prit une dimension éminemment morale. On discuta l'histoire et on s'efforça d'en écrire les pages blanches pour comprendre. On commença à aborder dans certaines émissions de télévision des problèmes comme le désarroi des jeunes, le développement de la toxicomanie, de l'alcoolisme et de la délinquance, les désastres écologiques de Tchernobyl, de la mer d'Aral et de la Volga, les privilèges de la nomenklatura, sans parler des catastrophes naturelles.

 Nomenklatura : liste sur laquelle figurait le nom de toutes les personnes jouissant de privilèges particuliers en URSS et dans les pays de l'Est.

Par ces interrogations on envisage la restauration des valeurs morales de la société. On assiste aussi aux règlements de compte entre divers camps, libéraux, anciens officiels, réformateurs prudents, staliniens et non staliniens. Et il y a des degrés divers de *glasnost* incompatibles entre eux.

> **La perestroïka**
>
> C'est avec *glasnost* (« transparence ») l'un des mots forts du programme de Gorbatchev. Littéralement, *perestroïka* veut dire « restructuration ». En fait, cela signifiait « réforme », mais dans un cadre de conservation de l'essentiel. Il ne s'agit donc nullement d'une révolution.

Les déceptions

Mais les réformes économiques sont en définitive décevantes : la situation économique continue de se dégrader et le niveau de vie baisse, rendant le discours sur les réformes de moins en moins crédible aux yeux de la population. Pourtant, de nouvelles mesures ont été prises pour développer l'autonomie des entreprises, leur autofinancement, l'autonomie des travailleurs sur les lieux de travail, etc. Mais les réformes oscillent sans cesse entre deux extrêmes, le plan et le marché, les exigences d'efficacité économique et le besoin d'un assistanat social, dans un souci de retarder l'échéance de la réforme des prix et du nécessaire dégraissage des effectifs pléthoriques du personnel des entreprises et des administrations. Les dispositions des lois réformatrices sont par ailleurs détournées par la bureaucratie des ministères centraux qui refuse de se saborder ou d'abandonner ses prérogatives antérieures. L'esprit d'entreprise manque gravement tant on a fait de propagande contre lui et contre la propriété privée.

Les avancées politiques

Des réformes s'esquissent plus nettement sur le plan politique, tendant à l'établissement d'un État de droit, à l'octroi du droit de recours en justice contre les décisions arbitraires des administrations, à l'exclusion de la censure, à la libre circulation des personnes (y compris à l'étranger), à la révision du code pénal et de ses dangereux articles sur la propagande anti-soviétique. Une des plus importantes réformes touche la politique extérieure à travers des « Thèses pour une nouvelle politique étrangère » publiées en 1988 dans la revue *Kommounist* :

> *Il faut cesser de considérer les événements mondiaux exclusivement à travers le prisme de la confrontation Est-Ouest [...] La ligne de démarcation entre les forces de progrès et les forces de réaction ne coïncide plus, dans une large mesure, avec les frontières nées historiquement entre pays et blocs, et même entre classes et partis.*

On en vient à affirmer le droit de tout pays à déterminer librement sa forme de gouvernement, ce qui revient à rejeter la doctrine de Brejnev selon laquelle les divers pays socialistes étaient obligés d'intervenir pour empêcher le changement de régime dans les autres pays. On assiste aussi ces années-là à un rapprochement sino-soviétique après une longue hostilité ; d'autre part, suite à une série de conférences entre Reagan et Gorbatchev, l'Union soviétique et les États-Unis entreprennent ensemble un commencement de désarmement nucléaire (ce qui n'était pas négligeable car il s'agissait de 1752 missiles soviétiques et de 869 missiles américains à détruire en trois ans). À partir de 1988, les Soviétiques commencent à retirer leurs troupes d'Afghanistan.

La politique des nationalités

Mais la situation se dégrade bientôt dans le domaine de la politique des nationalités. Cette politique était si bureaucratique, brutale et répressive que toute entreprise de démocratisation ne put que provoquer une renaissance des forces centrifuges. L'anniversaire de la signature du pacte germano-soviétique, évoqué pour la première fois dans certaines publications, suffit à provoquer, le 23 août 1987, des manifestations de masse dans les trois capitales des républiques baltes, point de départ du processus qui conduira deux ans plus tard à la proclamation d'indépendance de la Lituanie puis de la Lettonie. Et les revendications nationales commencent à se faire entendre dans presque toutes les républiques. C'est par elles en définitive que se déclencha le mouvement conduisant à la dissolution de l'Union soviétique et, par là, à l'achèvement du changement de régime en 1991.

Conclusion

L'histoire de l'Union soviétique contée dans ce chapitre a un aspect fascinant. La réalité socio-politique qui résulte de la révolution d'Octobre est sans analogie dans le passé. Ce n'est pas un État qui naît, mais l'humanité qui naît *autrement*. On ne peut pas, dans ces conditions, ne pas avoir un sentiment de déception devant la progressive dégradation qu'a subie cette construction. Il y a eu Staline, il y a eu la guerre engagée par l'Allemagne, il y a eu une reconstruction difficile, puis la Guerre froide. Mais on ne peut pas ne pas remarquer la longue période d'usure et d'épuisement pendant laquelle se perdent les idéaux qui avaient pu se manifester au début du processus révolutionnaire.

Chapitre 8

Le communisme dans le monde

Dans les divers continents

La France et l'Italie

L'Union soviétique ne fut pas le seul centre communiste durant ces longues décennies du XXe siècle. La révolution d'Octobre développa en effet de nouveaux partis marxistes qui apparurent après les divergences au sein des premières générations des partis sociaux-démocrates, lorsque Lénine tenta de se soumettre l'ensemble des partis marxistes, comme ce fut le cas en France et en Italie. En 1920, au Deuxième congrès de la IIIe Internationale, les dirigeants européens réunis à Moscou sous la présidence de Zinoviev votent les 21 conditions sans lesquelles les partis socialistes ne peuvent, selon Lénine, adhérer à l'Internationale : c'est l'occasion de la scission et de l'affrontement généralisé des socialistes et des communistes. Après la Seconde Guerre mondiale, les partis communistes français et italien feront des scores électoraux sans précédent qui s'élèveront au-dessus de 30 %. S'ils n'ont pas pu jouer de rôles plus constructifs, ce fut en raison de leur excessive dépendance du Parti communiste d'Union soviétique et de l'Union soviétique elle-même, qui leur ferma la porte aux coopérations et aux coalitions nationales. Ils se retrouvèrent non pas marginaux mais très limités, jouant encore et toujours une fonction « tribunicienne » – de défense des plus démunis –, ne pouvant prétendre aux premiers rôles.

L'Allemagne

En Allemagne, Karl Liebknecht et Rosa Luxembourg (d'origine polonaise) avaient pris une part très active aux événements révolutionnaires de 1918, si bien qu'à la fin de cette même année ils purent fonder le Parti communiste allemand. Mais leur soulèvement fut écrasé en 1919 par les sociaux-démocrates à la tête du gouvernement, qui conduiront pendant longtemps la République de Weimar. Karl Liebknecht et Rosa Luxembourg furent assassinés le 15 janvier 1919.

Au temps du national-socialisme, les communistes allemands ne purent jouer un rôle de protection de la démocratie car leur priorité était de lutter contre les sociaux-démocrates, lutte encouragée par l'Union soviétique. L'après-guerre sera ensuite marquée par la division issue de la victoire soviétique et le communisme demeurera affaibli pendant toute la durée de la collaboration avec l'Union soviétique dans la République Démocratique Allemande.

L'Amérique latine

La progression du communisme en Amérique latine fut lente : c'est seulement après la Seconde Guerre mondiale que le débat commença à prendre de l'ampleur, notamment dans les universités. Les partis demeurèrent néanmoins faibles, à l'exception de Cuba qui connut la victoire de Fidel Castro sur la dictature de Batista. Des tendances de gauche se manifestent à nouveau dans l'Amérique latine postérieure à la reconstruction démocratique (depuis 1980/1983). On mentionne volontiers les avancées de Kirchner, Chavez et Morales en Argentine, au Venezuela et en Bolivie, ainsi que celle, plus timide, exprimée par le premier mandat Lula au Brésil. Il est néanmoins difficile d'identifier des influences communistes à proprement parler dans ces divers cas car les véritables partis communistes sont plutôt en régression.

L'Asie

Sous l'influence du Komintern, le communisme se développa en Asie en même temps que la révolution d'Octobre, et nombre de partis commencèrent à émerger et à être influents suite à la révolution chinoise de Mao Zedong. Le rôle du communisme fut vraiment important au Vietnam et en Inde, même si les tensions entre l'internationalisme du Komintern et les causes nationales de libération furent constantes. Aujourd'hui, nombre de partis d'Asie demeurent plus vigoureux et indépendants que ceux d'Europe : c'est le cas en Inde (au Bengale, au Kerala) et au Népal. Au même moment s'esquisse au Vietnam une transformation assez analogue à celle de la Chine, tendant à rendre compatibles les frères ennemis d'hier, capitalisme et communisme.

> **La Chine actuelle**
>
> La Chine illustre-t-elle le triomphe du système communiste, adéquat à l'épanouissement, même débridé, des forces économiques dans le maintien d'un régime de parti unique (assoupli seulement par l'admission de membres chefs d'entreprises et de représentants de la culture et de la science moderne) ? Il est certain que la Chine rapproche ici, si l'on peut dire, le feu et l'eau, et beaucoup s'interrogent sur la durabilité de ce schéma. Mais rien n'est joué d'avance. Au fond, cela est d'ailleurs sans rapport avec les principes mêmes du marxisme, la pensée de Marx ne comportant ni ce schéma d'étatisme ni l'idée de monopole partisan. D'autre part, il faut rappeler que le marxisme asiatique – chinois mais aussi indien, vietnamien, philippin – n'a jamais donné la même importance que le marxisme européen à l'idéologie philosophique : Mao Zedong s'est inspiré de l'idéologie traditionnelle chinoise avant de se projeter dans la théorie de Marx.

Le tournant des années 1989 et 1991

Les dates de 1989 et 1991 sont décisives pour l'évolution des régimes communistes d'Europe de l'Est, dans les pays satellites du bloc d'abord, dans l'Union soviétique elle-même ensuite.

L'année 1989

Au printemps 1989, les élections qui ont lieu en Pologne doivent garantir, selon la loi électorale, une majorité aux communistes. Mais la défection du parti paysan, un des alliés très officiels du parti ouvrier communiste, entraîne la formation d'un gouvernement non communiste sous la présidence de Mazowiecki. De leur côté, les Hongrois travaillent au cours de l'été à la réforme de leur constitution pour la rendre réellement démocratique. Violant les engagements pris envers l'Union soviétique, le premier ministre hongrois ouvre, au même moment, la frontière de l'Autriche aux vacanciers allemands de l'Est désireux de passer vers l'Ouest plutôt que de rejoindre la République Démocratique Allemande.

En octobre, Gorbatchev se rend à Berlin pour signifier à Erich Honecker la fin de son pouvoir. Honecker est d'abord remplacé par Krenz qui cède bientôt la place à Desmaizières, l'homme de la transition. Le 9 novembre à Berlin, le mur est percé de brèches et franchi par des gens de l'Est comme de l'Ouest en grande liesse. À l'automne, la Tchécoslovaquie sort à son tour du régime communiste. Un peu plus tard, la Roumanie connaît une crise violente. L'Allemagne est réunifiée en 1990. La même année, les républiques baltes et caucasiennes votent leur indépendance.

L'année 1991

Au printemps 1991, l'article conférant au Parti communiste d'URSS le rôle de direction de la société est aboli au sein du parti et dans la Constitution soviétique. Pour sauver le régime de ce déclin progressif, Ianaiev tente un putsch le 19 août, mais c'est un échec. Eltsine, déjà président de la République de Russie, devient la figure de proue et se lance à l'assaut du parlement où s'étaient enfermés les putschistes. À l'automne, Gorbatchev et un certain nombre de présidents des républiques constituant l'URSS signent la dissolution de l'Union qui sera effective le 25 décembre. Ce jour-là, le drapeau soviétique est remplacé au Kremlin par le drapeau tricolore de la Russie.

Les facteurs de l'effondrement du communisme

■ Le moment des désillusions

Comment des événements d'une telle ampleur ont-ils pu se produire ? La décomposition du système remonte à la perestroïka et à l'insatisfaction des hommes de différentes nationalités. Du sang a même coulé, en

Estonie comme en Géorgie. Bien entendu, l'état pitoyable de l'économie que Gorbatchev n'a pas réussi à réformer a constitué un facteur aussi déterminant. Mais des éléments plus décisifs encore préfiguraient l'effondrement. En effet, le régime qui avait fait naguère rêver les foules déchantait depuis longtemps malgré sa subsistance. La socialisation, telle qu'elle a été appliquée en Union soviétique, n'avait pas entraîné l'amélioration des relations entre les hommes ni celle du niveau de vie. L'idéalisation et l'espoir portés à ce régime s'affaissaient à mesure que la corruption se développait.

Gorbatchev et la fin de la perestroïka

Les erreurs de Gorbatchev ont aussi contribué à la crise de l'Union soviétique. Au lieu de redresser le pays au moment où il était au plus mal, Gorbatchev a repoussé la réforme de l'économie pourtant nécessaire à ce moment-là. Voulant moderniser le PCUS, il y intègre des principes démocratiques et multipartistes, si bien que les partis nouvellement admis finissent par interdire le PCUS. Une autre erreur qu'on lui impute généralement est la négligence de la question de l'union des peuples, laissant les populations des républiques étrangères à l'écart du centre politique. Paradoxalement, son désir de former un État de droit, bien que cette intention soit noble en soi, a participé largement à sa perte, n'ayant pas su asseoir son autorité à un moment où le peuple était encore obéissant.

L'étatisme extrême

Un autre facteur fut la généralisation du principe de propriété étatique des biens de production en Union soviétique et dans les pays satellites. On peut estimer avec Marx que c'est une institution dangereuse en elle-même, dans la mesure où l'État, coercitif par nature, comporte déjà un vaste domaine d'intervention compte tenu de ses finalités proprement politiques. Y ajouter le domaine entier de l'économie, c'est courir le risque d'une toute-puissance totalitaire ou bureaucratique, même en l'absence de la monopolisation du pouvoir par un parti unique qui, dans le cas de l'URSS, aggravait encore la situation.

■ **Le parti unique**

La monopolisation du pouvoir par le parti communiste s'était effectuée très tôt en Union soviétique et dans les pays communistes de l'Est européen. Or il arrive en tel cas que la forme du régime soit autoritaire malgré des mesures de démocratisation interne. Il semble au contraire qu'une pluralité de forces en politique soit la condition de sa vitalité. Le marxisme historique avait pourtant fini par interdire le multipartisme : dans la Hongrie des dernières années du régime communiste, on vantait régulièrement l'épanouissement de diverses libertés – de pensée, d'expression, de circulation – en progrès chaque année, disait-on, mais on les distinguait soigneusement du pluralisme des partis politiques, considéré comme inacceptable. Tout changea seulement le jour où le parlement s'enhardit à voter une loi de liberté des associations (même si ce n'était pas encore des partis). Le grand problème était la pétrification, difficile à éviter dans le parti unique.

L'avenir du communisme après la chute des régimes

Quelques années après la chute des régimes d'Europe centrale et orientale, on s'est demandé si ces gouvernements ne risquaient pas de revivre ce qu'ils avaient déjà vécu, les dirigeants de l'époque réintégrant le pouvoir progressivement. En 1999, lors du dixième anniversaire de la chute du mur de Berlin, de nombreuses personnes en Occident croyaient en la fin du communisme, reconnaissant seulement des rémanences à Cuba, en Corée du Nord, au Vietnam et enfin en Chine, quoique là de façon plus étoffée. Certains craignaient pourtant à cette époque un retour du communisme.

Les réminiscences du communisme

Les anciens communistes se sont en effet retrouvés au pouvoir en **Pologne** de 1993 à 1997. Plus récemment, ce pays a eu un président, Aleksander Kwasniewski, issu de l'ancien parti ouvrier. En outre, les anciens communistes ont participé à la coalition, soutenant V. Meciar, leader autoritaire en **Slovaquie** de 1994 à 1998. Ils prennent part à la même période à une coalition du gouvernement en **Hongrie**. Le premier ministre hongrois actuel, reconduit aux élections de printemps 2006, est d'autre part l'ancien chef des Jeunesses communistes. Le Parti communiste d'**Union soviétique** est dissout par Eltsine en 1991, en raison des nombreux crimes dont il est responsable et de sa participation au putsch du 17 août. Mais un autre parti s'est reconstitué en **Russie** sous l'étiquette communiste : celui de G. Ziouganov, influent jusqu'ici à la Douma. Il a été candidat à la présidence de la Russie face à Eltsine puis face à Poutine, et a remporté de bons scores.

Douma : terme traditionnel qui désigne la chambre basse du Parlement russe, comportant d'autre part un Conseil de la Fédération.

D'autre part, l'ancien SED de la **République Démocratique Allemande** devenu PSD (Parti du Socialisme Démocratique) s'est maintenu sans se fondre avec le SPD social-démocrate. Il a eu en 1999 un bon résultat électoral à Berlin, fief de la social-démocratie que perdait le parti du leader SPD, Schröder. En **Italie**, les anciens communistes (Parti de la Gauche Démocratique) ont gouverné, entre autres partis, jusqu'à l'arrivée de Berlusconi. Ils se sont même associé *Rifondazione comunista*, formation plus petite fidèle au vieux parti. Les uns et les autres se retrouvent aujourd'hui dans la coalition menée par Prodi. De son côté, la **France** a toujours un Parti communiste français qui ne s'est fondu avec aucune autre formation, même s'il a changé de programme et de look.

L'économie a provoqué des nostalgies

Après l'effondrement des régimes communistes, l'économie a connu un grand succès dans les pays plus riches. Mais les politiques nouvelles et plus particulièrement les politiques économiques ont fini par s'essouffler. Aussi, de nombreux nostalgiques des régimes antérieurs ont refait surface : ce sont souvent des gens d'un certain âge mais encore capables de descendre dans la rue pour manifester, comme on l'a vu ces dernières années en Russie face à diverses réformes de Poutine. G. Ziouganov est à la tête de telles troupes. Ce phénomène s'est étendu aussi en République tchèque où 34 % des gens affirmaient récemment regretter le régime économique précédent. C'est que le tournant de 1989-1991 a été politique plus qu'économique. En Pologne, par exemple, on n'avait guère le projet en 1985 d'un changement de régime économique. On aspirait au renversement du régime politique et au congédiement du général Jaruzelski. En ce qui concerne l'économie, les revendications portaient sur l'amélioration du sort des travailleurs écrasés dans les usines communistes, mais le peuple souhaitait conserver les grandes entreprises publiques. C'est finalement dans une atmosphère d'aggravation de la situation de la plupart des économies centralisées et sous l'influence d'une puissante propagande des Occidentaux, qui voyaient dans l'événement une victoire de système économique plutôt qu'une transformation politique, que l'on opta pour une thérapie de choc, une transformation totale du régime économique. Cette transformation se traduisit par la libéralisation des prix, l'abandon des institutions publiques de planification et de gestion, la privatisation, l'ouverture sur l'extérieur (en théorie tout du moins). On liquidait ainsi un régime politico-idéologique déterminé sans faire aussi clairement un choix économique. Même Jean-Paul II, pourtant guère ami du communisme, a dit en 1993 : « Il y avait tout de même de bonnes choses aussi dans ce communisme »[69]. Le point faible de la nouvelle économie portait bientôt sur les problèmes sociaux qu'elle générait, ce qui a expliqué le retour aux idées communistes une dizaine d'années environ après la chute des régimes officiellement disparus.

Les communistes de la dernière heure en Russie

Le trait le plus important de l'évolution était cependant le changement profond des anciens communistes d'Europe centrale et de Russie (autour de Gorbatchev) avant même la fin des régimes traditionnels : on s'éloignait de la version stricte promue par Lénine, Staline puis Brejnev, pour se rapprocher d'une version sociale-démocrate. Le marxisme se maintenait donc sous la forme sociale-démocrate, sans oublier que les pays du Centre et de l'Est de l'Europe n'avaient pas voulu du communisme au départ, et surtout pas au sens messianique qu'ont connu les Soviétiques des premières décennies : ils avaient subi le communisme, imposé par l'Armée rouge. Pour les Russes mêmes, il n'y a donc pas de réel présage de retour au communisme mais plutôt la venue d'une interprétation de la situation de style nationaliste.

Le communisme russe sur le plan international

En 1999, Zinoviev fournit l'exemple d'une telle interprétation de style nationaliste dans son livre *Le post-communisme en Russie*. Il retrace l'échec de la Russie dans le grand conflit avec les États-Unis qui cherchent, selon lui, à démanteler la Russie et à en faire un pays du tiers monde, vendeur de matières premières, désirant la maintenir dans un état de dépendance coloniale. Les Européens de l'Ouest, quant à eux, se rendent complices des Américains en ce sens que leur politique est subordonnée à celle des États-Unis au détriment de la Russie. Zinoviev, qui a vécu un certain temps en France, est rentré en Russie en 1999, persuadé que la France ne fera rien de positif pour son pays dans la mesure où elle est elle aussi devenue une colonie nord-américaine. Les réflexions qu'il distille à ce moment-là ne présageaient en rien un retour au communisme ; il annonçait plutôt l'accentuation d'un nationalisme bien connu, dont s'est ensuite emparé Poutine, ce qui correspond en réalité à la réaction d'une Russie qui ne veut pas être quantité négligeable.

Conclusion

L'affaiblissement puis l'effondrement des régimes communistes au terme de la Perestroïka, tentée encore par Gorbatchev dans les années 80, trouve son explication essentielle dans l'usure extrême de ces régimes, de leurs idées et les déceptions qui en découlaient. Les idées des communistes soviétiques eux-mêmes avaient changé progressivement pour se rapprocher d'une version sociale-démocrate, sans oublier le grave problème des nationalités, jamais résolu dans un ensemble multinational comme l'était l'Union soviétique qui croyait trop facilement à son dépassement. Dans de nombreux autres pays, le communisme a subi la conséquence d'une trop forte dépendance de l'Union soviétique et de son Parti. Cela n'entame pas la pensée de Marx qui s'offre toujours à la réflexion humaine. L'histoire politique, en revanche, ne sera pas réécrite une seconde fois.

Conclusion

La pensée de Marx en question

La pensée marxiste a perdu sa puissante notoriété en moins d'un an : avant 1989, il était impensable en France de ne pas écrire un chapitre sur Marx et le marxisme dans toute thèse universitaire d'histoire, de philosophie, d'économie, de sociologie, voire de psychologie. Or, cette pratique avait totalement disparu un ou deux ans plus tard. Dans le même temps, les rayons des librairies entreposant des ouvrages sur le marxisme s'amenuisaient. Qu'en est-il donc de la pensée même de Marx ? Comment évaluer son avenir ?

La dictature du prolétariat n'est pas la solution

Il y a d'abord vraiment eu chez Marx la conviction d'un mouvement de l'histoire entraînant divisions et luttes, ces luttes trouvant leur point culminant dans le combat entre prolétariat industriel et bourgeoisie capitaliste. Ce mouvement devait inéluctablement se dénouer en faveur du prolétariat, noyau d'une toute nouvelle humanité sortie de l'aliénation : là est sans doute l'aspect le plus caduc de la pensée de Marx. On s'interrogeait d'ailleurs depuis longtemps déjà sur les processus automatiques supposés conduire à cet avènement et sur le moyen concret du dépérissement de l'État qui doit y présider. Selon Lénine, il fallait que l'homme moyen égoïste soit remplacé par un homme nouveau, spontanément social. Mais cette sociabilité nouvelle devait-elle être le fruit de l'éducation ou pouvait-elle résulter d'autre chose ? La réponse n'était pas nette, et cette pensée apparaissait comme une utopie pour la plupart des hommes. Aussi, la thèse selon laquelle l'humanité peut changer dans ses fondements grâce à l'avènement du prolétariat (et l'abolition des contradictions et de l'aliénation qui s'ensuit) a été largement contestée et rejetée.

L'autre argument qui pousse à la controverse est celui qui confère au prolétariat la capacité et la responsabilité de diriger le mouvement de la société par un seul et unique parti, en principe son avant-garde (mais comment vérifier qu'il l'est ?), acquérant ainsi le monopole sur l'État et le droit de conduire l'humanité toute entière. Cela paraît trop irréaliste pour être rationnel.

Une philosophie à retenir

Le concept d'aliénation

Mais d'autres éléments de la pensée de Marx font preuve de réalisme et demeurent crédibles. Il faut rester attentifs à la sensibilité de Marx à l'aliénation, processus par lequel les produits de l'homme se retournent souvent contre lui : l'homme est dépossédé de lui-même par ce qu'il crée. Les aliénations humaines sont interdépendantes et liées entre elles. Cette analyse est pertinente, bien qu'il ne soit pas évident que la résolution d'une aliénation (économique en l'occurrence) entraîne la résolution de toutes les autres. N' y a-t-il d'ailleurs qu'aliénation là où Marx croit l'observer ? L'exemple est souvent allégué : il y a bien de l'aliénation religieuse, ou encore, la religion est occasion d'aliénation. Pour autant, la religion se réduit-elle à de l'aliénation ? On peut dire la même chose de la politique : il y a de l'aliénation ou de l'illusion politique, ce qui ne revient pas à dire que toute vie politique est condamnée. Mais l'aliénation est bien un danger inhérent à l'humanité, dans la mesure où l'être humain est un être non pas réalisé mais se réalisant, se posant ainsi hors de soi, s'objectivant. L'idée est que l'on peut se perdre dans ses produits, dans ses œuvres, c'est-à-dire dans l'objet. Il vaut donc mieux s'armer et s'équiper pour reconnaître les aliénations qui se présentent sans cesse.

La critique du capitalisme

La critique du capitalisme au sens courant du terme constitue, dans ses intuitions majeures, l'élément le plus remarquable de la réflexion de Marx, le seul à avoir véritablement perçu le contraste entre l'accumulation des uns et la spoliation des autres (relative aux gains des premiers), contraste qui siège au cœur du système quand ce dernier n'est pas compensé. Il a perçu la différence de force – et corrélativement de statut – entre capital et travail, quand ils sont entre des mains différentes, c'est-à-dire entre peu de mains d'un côté et beaucoup de l'autre. C'est que le travail est une nécessité pour la survie de la personne : il ne peut donc être différé. Le travailleur est par conséquent tenu d'accepter des conditions de travail difficiles. Il est vulnérable et n'a guère de possibilité de résister. À l'inverse, le capitaliste qui ne travaille pas et qui n'est pas dans le besoin peut attendre, ce qui lui permet d'aller là où le rendement est maximal. Le capital est toujours le plus puissant, au moins aussi longtemps qu'il est le facteur rare en face d'une main d'œuvre qui s'offre en surabondance du fait de la croissance démographique mondiale. Les solutions que propose Marx (classiques dans l'histoire du marxisme) ne sont hélas pas à la hauteur des critiques qu'il a émises, car bien que la systématisation de la collectivisation devait servir les individus, elle a en réalité induit la dictature et l'impersonnalisme.

Notes

Partie 1

Chapitre 1
1. Saint-Simon cité par Pierre Ansart dans *Nouvelle histoire des idées politiques*, Hachette, coll. Pluriel, 1987, p. 237.

Chapitre 2
2. Marx, *Thèses sur Feuerbach* (1845), Thèse 2, *Œuvres* (M. Rubel), III : *Philosophie*, p. 1030.
3. Marx, *Lettre à son ami Kugelmann* (1868) : Marx-Engels, *Correspondance*, Éditions Sociales, t. IX, p. 178.
4. Marx, *Thèses sur Feuerbach* (1845), Thèse 11, *Œuvres* (M. Rubel), III : *Philosophie*, p. 1033.
5. Engels, *Anti-Dühring* (1878), Préface, Éditions Sociales, 1971, p. 40.
6. Marx, *L'idéologie allemande* (1845), *Œuvres* (M. Rubel), III : *Philosophie*, p. 1056.
7. *Ibid.*, p. 1057.

Chapitre 3
8. Marx, *Introduction à la critique de la philosophie du droit de Hegel*, Aubier, éd. bilingue, 1971, p. 53.
9. *Ibid.*, p. 51.
10. Marx, *Sur la question juive*, Aubier, éd. bilingue, 1971, p. 147.
11. *Ibid.*, p. 131.

12. *Ibid.*
13. Marx, *Introduction à la critique de la philosophie du droit de Hegel*, op. cit. p. 99.
14. *Ibid.*, p. 101.
15. Marx, *Critique de la philosophie politique de Hegel, Œuvres* (M. Rubel), III : *Philosophie*, p. 901.
16. *Ibid.*, p. 903.
17. Marx, *Sainte Famille, Œuvres* (M. Rubel), III : *Philosophie*, p. 560.
18. Marx, *Sur la question juive*, op. cit., p. 109.
19. Marx et Engels, *Manifeste du Parti communiste*, Aubier, éd. bilingue, 1971, p. 87.
20. *Ibid.*, p. 109
21. *Ibid.*, p. 129.
22. *Ibid.*, p. 127.
23. *Ibid.*, p. 129.
24. *Ibid.*, p. 127.
25. Cité dans Marx et Engels, *Études philosophiques*, Éditions Sociales Internationales, 1935, p. 118.
26. Marx, *Critique du programme de Gotha*, éd. Adoratsky, Zurich, 1934, p. 13-14.
27. Marx, *La guerre civile en France* (1871), Éditions Sociales, 1968, p. 43.
28. Engels, *Anti-Dühring* (1878), op. cit., p. 317.

Chapitre 4

29. Marx, *Le Capital*, Éditions Sociales, Tome 1, 1976, p.118.
30. Marx, *Manuscrits de 1844*, GF, 1996, Trad. Jacques-Pierre Gougeon, p. 57.
31. *Ibid.*, p. 58-59.
32. *Ibid.*, p. 62.
33. *Ibid.*, p. 109.
34. *Ibid.*, p. 111.
35. *Ibid.*, p. 112.
36. *Ibid.*, p. 151.

37. Marx, *Le Capital*, op. cit., p. 135.
38. *Ibid.*, p. 222.
39. *Ibid.*, p. 148.
40. *Ibid.*, p. 176.
41. *Ibid.*, p. 200.
42. *Ibid.*, p. 247.
43. *Ibid.*, p. 247-248.
44. *Ibid.*, p. 300.
45. *Ibid.*, p. 345.
46. *Ibid.*, p. 454-455.
47. *Ibid.*, p. 557.
48. *Ibid.*, p. 73.

■ Partie 2

Chapitre 5
49. R. Garaudy, *Le grand tournant du socialisme*, Gallimard, coll. « Idées », 1969, p. 33.
50. H. Lefebvre, *Le matérialisme dialectique*, PUF, 1949, 1re éd. 1940, p. 8.
51. *Ibid.*
52. *Ibid.*, p. 9.
53. *Ibid.*, p. 137.

Chapitre 6
54. Engels, *Anti-Dühring* (1878), op. cit., p. 167.
55. Cité dans Marx et Engels, *Études philosophiques*, op. cit. p. 150.
56. E. Bernstein, *Les Présupposés du socialisme*, Seuil, 1974, p. 230.
57. E. Bernstein, *op. cit.*, ch. V : « Le but final et le mouvement », p. 219-237.
58. Lénine, *Que faire ?*, Points Politique, Seuil, 1966, p. 102, note.
59. *Ibid.*, p. 80
60. Ibid., p. 200
61. Trotski, *La révolution trahie*, Grasset, 1936, p. 116-117.

62. Staline, *Problèmes économiques du socialisme*, 1952, éd. en langues étrangères, Moscou, 1953, p. 45.
63. *Ibid.*
64. Staline, *Le marxisme et les problèmes de linguistique*, éd. en langues étrangères, Moscou, 1952, p. 6.
65. Mao Zedong, Entretiens de 1964 cités par H. Chambre, *De Marx à Lenine et Mao Tse Toung,* Aubier, 1976, p. 313.
66. *Ibid.*

Chapitre 7

67. *Les analyses* qui suivent, pour ce qui concerne l'Union soviétique, sont d' E. Korovin, spécialiste soviétique de cette question dans les années 20.
68. Lénine, *Œuvres* (en russe), 3e éd., XIX, p. 60.

Chapitre 8

69. Jean-Paul II, *Interview à La Stampa* et à *Gazeta Wyborcza* le 24 octobre 1993.

Bibliographie

Œuvres de Marx

MEGA (*Marx Engels Gesamtausgabe*), Première *Mega*, Francfort, Berlin, Moscou, 1927-1935 (inachevée). Nouvelle édition, Berlin (Dietz), commencée en 1975 (en cours : 100 vol. prévus).

Œuvres, traductions de Maximilien Rubel, *Économie* I et II ; *Philosophie* ; *Politique* I, Gallimard, coll. « La Pléiade » (série de traductions la plus complète), 1963-1994.

Le Capital, Éditions Sociales, 3 vol. (le premier dans la traduction Roy, révisée par Marx lui-même), 1976-1977.

Manuscrits de 1844, trad. Jacques-Pierre Gougeon, Garnier-Flammarion, 1996.

Manifeste du Parti communiste, Garnier-Flammarion, 1998.

Vie de Marx

J. Attali, *Karl Marx ou l'esprit du monde*, Fayard, 2005.

B. Nicolaievski et O. Maenchen-Helfen, *La vie de Karl Marx. L'homme et l'œuvre*, réédition, La Table ronde, 1997

M. Rubel, *Karl Marx, essai de biographie intellectuelle*, Rivière, 1971.

Ouvrages critiques

R. Aron, *Le marxisme de Marx*, de Fallois, 2002. Réédition, Le Livre de Poche, 2004.

151

E. Balibar, *La philosophie de Marx*, La Découverte, coll. « Repères », 1993.

D. Bensaïd, *Marx l'intempestif*, Fayard, 1995.

J. Bidet, *Que faire du « Capital »*, PUF, coll. « Actuel Marx Confrontation », 2000.

J. Y. Calvez, *La pensée de Karl Marx*, Seuil (1re éd. complète), 1956. Réédition en poche (abrégée), « Points Politique », 1970. Nouvelle réédition, « Points Essais », 2006.

A. Cornu, *Karl Marx et Friedrich Engels*, 4 vol., PUF, 1955-1970.

J. D'Hondt, *De Hegel à Marx*, PUF, 1972.

J.P. Durand, *La sociologie de Marx*, La Découverte, coll. « Repères », 1995.

M. Henry, *Marx*, Gallimard, 1976.

R. Misik, *Marx pour gens pressés*, La Balustrade, 2005.

M. Rubel, *Marx critique du marxisme*, Payot, 2000.

P. Salama et Tran Hai Hac, *Introduction à l'économie de Marx*, La Découverte, coll. « Repères », 1992.

M. Vadée, *Marx, penseur du possible*, Méridiens, Klinsieck, 1992.

Penseurs marxistes

L. Althusser, *Pour Marx*, La Découverte (réédition), 1986.

M. Horkheimer et T. Adorno, *La dialectique de la raison*, Gallimard, coll. « Tel », 2004.

L. Kolakowski, *Histoire du marxisme*, Fayard, 2 vol., 1987.

H. Lefebvre, *Le matérialisme dialectique*, PUF, réédition, 1990.

M. A. Macciochi, *Pour Gramsci*, Seuil, 1974.

E. Mandel, *Trotski*, Maspero, 1980.

J. J. Marie, *Trotsky, révolutionnaire sans frontières*, Payot, 2006.

A.G. Meyer, *Lénine et le léninisme*, Payot, 1966.

A. Spire, *Lénine : l'éternel retour du concret*, Messidor, 1991.

D. Volkogonov, *Le vrai Lénine*, Laffont, 1995.

D. Volkogonov, *Staline*, Flammarion, 1991.

D. Volkogonov, *Trotsky*, 2 vol., Moscou, Novosti, 1992.

Sur l'URSS et les démocraties populaires

M.C. Bergère, L. Bianco, J. Domes, *La Chine au XXe siècle*, Fayard, 2 vol., 1990.

Henri Bogdan, *Histoire des pays de l'Est, des origines à nos jours*, Perrin, coll. « Pluriel », 1994.

H. Chambre, *L'évolution du marxisme soviétique. Théorie économique et Droit*, Seuil, 1974.

F. Fejtö, *Histoire des démocraties populaires*, 1945-1971, Seuil, 2 vol., 1971.

Y. Levada, *Entre le passé et l'avenir, l'homme soviétique ordinaire. Enquête*, Presses de la Fondation Nationale des Sciences Politiques, 1993.

A.M. Olive, *Guide de civilisation russe*, Ellipses, 1998.

R. Pipes, *La Révolution russe* et *La Russie sous le nouveau régime*, PUF, 1993/1995.

J. Rupnik, *L'autre Europe*, Odile Jacob, 1990.

N. Werth, *Histoire de l'Union soviétique*, PUF, coll. « Thémis », 1990.

F. Bafoil, *Le post-communisme en Europe*, La Découverte, coll. « Repères », 1999.

F. Fejtö, *La fin des démocraties populaires. Les chemins du postcommunisme*, Seuil, 1992.

L. Sève, *Penser avec Marx aujourd'hui*, La Dispute, 2004.

M. Valakoulis et M. Vincent, *Marx après les marxismes*, Paris, L'Harmattan, 1997.

Table des matières

Sommaire 5
Introduction 7

Première partie : Marx 9

Chapitre 1 : La vie, l'œuvre et l'époque 11

La vie et l'œuvre de Marx 13
    Quelques dates 16
Le moment des « socialismes » 18
    Saint-Simon (1760-1825) 18
        L'ancien monde : un système féodal 18
        La nouvelle société : un système industriel 18
    Charles Fourier (1772-1837) 19
    Pierre-Joseph Proudhon (1809-1865) 20
    Le « socialisme utopique » 20

Chapitre 2 : La philosophie 23

Marx, Hegel et Feuerbach 25
    Dépassement de la philosophie ? 26
La théorie de Marx 26
    Le matérialisme historique 27
    La dialectique 28
La philosophie dernière de Marx 28
    Le tournant de *L'Idéologie allemande* 28
        Le contexte théorique en Allemagne 29
        La dialectique de la nature 29
        Homme, nature, besoin, travail 30

Les phases de la construction de l'histoire 31
La fin de l'histoire 33
Préhistoire et histoire 33
Éthique et marxisme 34

Chapitre 3 : La politique 37

La religion et la politique 39
Religion et aliénation 39
Christianisme et démocratie 40
La question juive 41
Marx désenchanté par la politique 41
L'illusion de l'État 42
L'État politique et la société civile 42
À l'arrière-plan, l'économie et une révolution nouvelle 43
La critique de la conception hégélienne de la politique 43
La critique de la démocratie 45
La démocratie « non-étatique » 45
La critique des droits de l'homme 46
Le dépassement de l'État 47
La lutte des classes 47
L'élimination progressive de la politique 48
Le rôle de l'État dans la révolution 49
Le dépérissement de l'État par la dictature du prolétariat 50
L'exemple de la Commune de Paris 50
Le *Manifeste* renforce le pouvoir politique 52

Chapitre 4 : L'économie 55

Le capitalisme 57
Définition 57
Les trois formes du capital 58
Les *Manuscrits de 1844* 59
Le travail aliéné 59
L'ouvrier et le capitaliste : une inégalité fondamentale 59
Le travail aliénant 61
L'idée de propriété dans le système communiste 64
Le Capital 65
La théorie de la valeur et de la plus-value 65

Étapes du capitalisme 69
Une constante accumulation 70
Le renversement du processus 73
Comment se représenter l'avenir ? 75
   Le travail en commun 75
   La répartition 75

Seconde partie : Le marxisme **77**
Chapitre 5 : Quelques philosophes marxistes 79
Antonio Gramsci (1891-1937) 81
   Une pensée de la prison 81
   L'originalité de Gramsci 82
Roger Garaudy (né en 1913) 83
   Le premier humanisme de Garaudy 83
   Le second Garaudy 84
Henri Lefebvre (1901-1991) 84
   La dialectique 85
      Le matérialisme dialectique 86
      L'homme total en formation 86
Louis Althusser (1918-1990) 87
   Une pensée abstraite 87
L'École de Francfort 89

Chapitre 6 : Les figures majeures du marxiste 91
Les premiers développements du marxisme 93
   L'Allemagne 93
   L'Autriche 93
   La France 94
   L'Italie 94
Les grandes figures marxistes 95
   Friedrich Engels (1820-1895) 95
      La propriété commune originelle 95
      Le processus révolutionnaire et la légalité 95
   Edouard Bernstein (1850-1932) 96
      L'adversaire 96
      Bernstein critique de Marx 97
   Lénine (1870-1924) 99

Politique et économie	100
Le parti élitiste de Lénine	101
La réhabilitation de l'État	101

Trotski (1879-1940) 102
    Un personnage clé de la révolution 102
    Un ennemi avéré de la bureaucratie 104
Staline (1879-1953) 105
    La dictature stalinienne 105
    Les apports idéologiques 106
Mao Zedong (ou Mao Tse Toung) (1893-1976) 107
    La révolution selon Mao 107
    Une pensée marxiste 109
    La contradiction dans l'œuvre de Mao 110

Chapitre 7 : L'Union soviétique 113

L'Union soviétique et la pensée de Marx 115
    L'Union soviétique communiste 115
    Les divergences entre l'Union soviétique et le marxisme 116
    Le monopole d'un parti unique de style soviétique 116
    Une connaissance partielle de l'œuvre de Marx 117
Une nouvelle société humaine 118
L'Union soviétique n'est pas un État parmi les États 119
    Les frontières 120
    Une citoyenneté mondiale de classes 120
    Une période de transition 120
    Un changement radical avec Staline 121
Histoire de l'Union soviétique 121
    Première étape : Lénine 121
    Le grand tournant : 1929-1933 122
    Purges, procès et exécutions dans les années 30 122
    La grande guerre patriotique 123
    L'après-guerre 124
    La Guerre froide 125
        Khrouchtchev (1953-1964) 125
        Brejnev (1964-1982) 126
        Gorbatchev (1985-1991) 127

Chapitre 8 : Le communisme dans le monde 131
Dans les divers continents 133
    La France et l'Italie 133
    L'Allemagne 134
    L'Amérique latine 134
    L'Asie 134
Le tournant des années 1989 et 1991 135
    L'année 1989 135
    L'année 1991 136
    Les facteurs de l'effondrement du communisme 136
        Le moment des désillusions 136
        Gorbatchev et la fin de la perestroïka 137
        L'étatisme extrême 137
        Le parti unique 138
L'avenir du communisme après la chute des régimes 138
    Les réminiscences du communisme 138
    L'économie a provoqué des nostalgies 139
    Les communistes de la dernière heure en Russie 140
        Le communisme russe sur le plan international 141

Conclusion 143
    La pensée de Marx en question 143
    La dictature du prolétariat n'est pas la solution 143
    Une philosophie à retenir 144
        Le concept d'aliénation 144
        La critique du capitalisme 145

Notes 147

Bibliographie 151
    Œuvres de Marx 151
    Vie de Marx 151
    Ouvrages critiques 151
    Penseurs marxistes 152
    Sur l'URSS et les démocraties populaires 153

www.ingramcontent.com/pod-product-compliance
Lightning Source LLC
Chambersburg PA
CBHW061655040426
42446CB00010B/1745